如何上好写生课：
基于儿童视知觉体验的写生课程

主　　编：吴立文
执行主编：吴虹云

浙江人民美术出版社

图书在版编目（CIP）数据

如何上好写生课：基于儿童视知觉体验的写生课程 /
吴立文主编. -- 杭州：浙江人民美术出版社，2023.3
　ISBN 978-7-5340-8675-5

　Ⅰ．[1]如… Ⅱ．[1]吴… Ⅲ．[1]写生画—教
学研究—小
学 Ⅳ．[1] G623.752
　中国版本图书馆CIP数据核字(2021)第021939号

主　　编：吴立文
执行主编：吴虹云

责任编辑：陈辉萍
责任校对：钱偎依
责任印制：陈柏荣

如何上好写生课：基于儿童视知觉体验的写生课程

出版发行：浙江人民美术出版社
地　　址：杭州市体育场路347号
电　　话：0571-85174821
经　　销：全国各地新华书店
制　　版：杭州真凯文化艺术有限公司
印　　刷：杭州捷派印务有限公司
开　　本：710mm×1000mm　1/16
印　　张：9.25
字　　数：150千字
版　　次：2023年3月第1版
印　　次：2023年3月第1次印刷
书　　号：ISBN 978-7-5340-8675-5
定　　价：48.00元
如发现印装质量问题，影响阅读，请与出版社营销部联系调换。

目　录

第一章　缘起：现象中提出假设

第一节　现象质疑　发现问题

　　教育面向未来。2014年4月，教育部在《关于全面深化课程改革落实立德树人根本任务的意见》中指出："学生应具备能够适应终身发展和社会发展需要的必备品格和关键能力。"国家从宏观层面提出了中国学生应对未来的发展目标。2016年9月，教育部正式发布了《中国学生发展核心素养》总框架，提出："研究学生发展核心素养是落实立德树人根本任务的一项重要举措，也是适应世界教育改革发展趋势、提升我国教育国际竞争力的迫切需要。"中国学生发展核心素养以培养"全面发展的人"为核心，具体分为三大方面、六大素养，为方便实践应用，又将六大素养进一步细化为18个基本要点，并对其主要表现进行了描述。根据这一总体框架，可针对学生年龄特点进一步提出各学段学生的具体表现要求。（见图1-1）

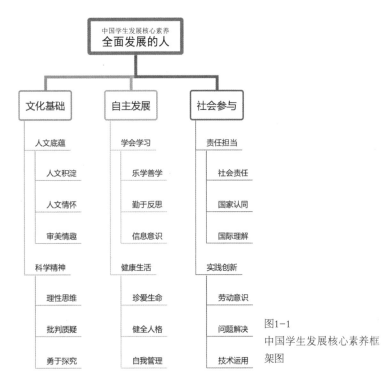

图1-1
中国学生发展核心素养框架图

教育面向未来。从美术教育的视角看待未来，需要培养学生用美术的方法去发现、分析、解决问题的能力，而美术的学习是建立在视觉感受基础之上的。著名画家丰子恺先生指出："美术是为了眼睛的要求而产生的一种文化"，即美术具有视觉性，美术教育专家尹少淳从教育的角度，用美术核心素养的"五环"理论更明确地指出，学科所独有的图像识读和美术表现均建立在对"视觉形象"的观察与感受上。（见图1-2）

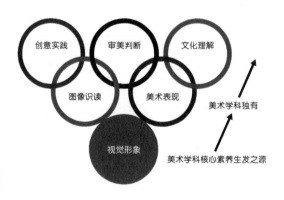

图1-2
美术学科核心素养框架图

《义务教育美术课程标准（2011版）》也明确提出："美术课程以对视觉形象的感知、理解和创造为特征。""美术课程凸显视觉性。儿童在美术学习中积累视觉、触觉和其他感官的经验，发展感知能力、形象思维能力、表达和交流能力。"[1]课程标准将美术学习的视觉特征——视觉性，置于美术学习的首位，确立了美术课程的基本指向。

观察的方式所引发的个性感受，决定了儿童造型表现的方向与方法。反思在儿童写生教学中，是否凸显美术学习的视觉性，用美术的表现方式去自主地表达其感受，从而达成"人的全面发展"这一目标，就显得尤为重要。带着这一疑惑，笔者对本区域内三年级儿童课堂写生作品进行抽测并分类统计，对农村、城郊、城市的6所学校的700多幅作品进行选择分类，从统计数据中发现同所学校作品的画面风格趋同这一现象，其中城区学校学生作品趋同率为65％，城郊学校学生作品趋同率为25％，农村学校

[1]中华人民共和国教育部.义务教育美术课程标准（2011版）[M].北京：北京师范大学出版社，2012.

学生作品趋同率为10%。

原本小学中段儿童在视角选择、造型理解、线条运用上应具有个性选择，但从数据上看，作品应具有的独特的张力正在消失，变得趋同和平庸，"一校一风格"成为本区域写生教学的现象。上述现象的发生是简单的临摹取代个体感受的教学方式造成的？还是迫于比赛的压力试图快速达成目标造成的？此类疑惑有待在具体的问卷调查研究中寻求答案。

第二节 问卷调查 分析问题

编者带着诸多疑问设计了教师及学生问卷。本章节将从问卷回收情况、问卷内容设计、问卷数据统计、问卷数据小结几个方面进行分析。

（一）教师问卷

1. 问卷回收情况

笔者于2018年9月在全市开展了一次关于写生教学现状的问卷调查。此次调查对象为来自农村、城郊、城区学校的教师。发放问卷60份，实际回收有效问卷49份，回收率为82%。

2. 问卷内容设计（见附件一）

附件一

基于儿童视知觉体验的写生教学教师问卷

尊敬的老师：

您好！本次问卷旨在了解当前小学美术课堂写生教学的实施情况，调查结果仅供学术研究使用。问卷匿名进行，请根据您的真实感受作答，感谢您的支持与配合。

您所在的学校：_____。

A. 城区学校　　　B. 城郊学校　　　C. 农村学校

您的教学年限：_____。

A. 5年以内　　　B. 5~15年　　　C. 15年以上

1. 写生教学中您的关注点是_____。（多选）

A. 画面效果　　　　　B. 形式感

C. 内容开发　　　　　D. 媒材探究

E. 策略总结　　　　　F. 其他_____

2. 写生作业能否获奖取决于_____。（多选）

A. 色彩与风格的统一　　　　B. 形式构成

C. 线条语言　　　　　　　　D. 媒材的新颖程度

E. 评价标准　　　　　　　　F. 其他_____

3. 写生学习的目标是_____。（多选）

A. 表现技能　　　　　B. 观察能力

C. 分析能力　　　　　D. 主观表达

E. 思维方式　　　　　F. 其他_____

4. 有个性的写生思维方式受_____方面的影响。（多选）

A. 性格　　　B. 眼手协调　　　C. 喜好

D. 感性表达　　E. 理性分析　　　　F. 其他_____

5. 写生教学中，以下哪些选项对教学帮助最大？_____。（多选）

A. 写生类书籍　　　　　　B. 优秀儿童作品

C. 认知发展理论　　　　　D. 绘画发展理论

E. 视知觉理论　　　　　　F. 其他_____

6. 将日常生活中的"看"转换成艺术的眼光，其教学策略有
_____。（多选）

A. 兴趣与注意力　　　　B. 分析形式要素

C. 运用媒材转换　　　　D. 寻找形式规律

E. 其他_____

7. 平时教学中选择的写生工具主要有_____。（多选）

A. 水笔　　　B. 炭笔　　　C. 毛笔

D. 色粉笔　　E. 纸笔　　　F. 竹笔

G. 其他_____

8. 教学中，引导儿童尝试过的技法主要有_____。（多选）

A. 线描　　B. 按压　　C. 擦刮　　D. 刻制

E. 喷洒　　F. 流淌　　G. 拓印　　H. 其他_____

9. 写生时儿童能意识到工具的选择与主题表现之间的关系吗？
_____。

A. 意识性不强　　B. 能意识到　　C. 还意识不到

10. 指导过程中是否强调过儿童媒材运用的速度、力度、强度等体
验？_____。

A. 偶尔尝试过　　B. 否　　　　C. 是

11. 通常在_____评价儿童的写生表现。

A. 课堂上　　B. 课后　　C. 学过一段时间后　　D. 期末

12. 一般采用_____方式评价儿童的写生表现。
（多选）

A. 等级　　　B. 口头　　　C. 评语

D. 档案袋　　E. 同学互评　　F. 展示评价

3. 问卷数据统计

此次问卷共设置12道题，分别为单选题和主观题，可分为五个部分：教师基本信息、教师关注的重要问题、教学理念和教学目标的定位、媒材技法的选择与使用以及教学评价的实施情况。《基于儿童视知觉体验的写生教学教师问卷》设计内容说明如下：

内容	问卷设计目标指向基本信息类	对应题号
第一部分	教学中教师关注的重要问题	第1—3题
第二部分	教学理念及教学目标的定位	第4—6题
第三部分	媒材、技法的选择与使用情况	第7—9题
第四部分	教学评价的实施情况	第10—12题

（1）基本信息统计。

参与问卷调查的学校构成：城区学校占24.49%，城郊学校占16.33%，乡镇学校占38.78%，山区学校占20.41%。参与问卷调查的教师教学年限分布：在49位教师中具有1—5年内教学经验的占总人数的30%；有5—10年教学经验的占32.65%；有10—15年教学经验的占30.61%；有15年以上教学经验的教师占6.12%。

（2）教学中教师关注的重要问题。

第1题：写生教学中您的关注点是什么？数据显示，教师教学中的关注点在画面效果因素的占34%，形式感占35%，内容开发占13%，媒材探究占12%，策略总结占5%，其他占1%。

第2题：写生作业能否获奖取决于哪些因素？数据显示，教师认为取决于色彩与风格统一的占42%，形式结构占36%，线条语言占11%，媒材新颖程度占5%，评价标准占5%，其他占1%。

第3题：写生学习的目标是什么？数据显示，教师认为写生学习的目标是表现技能的占12%，观察能力占35%，分析能力占24%，主观表达占19%，思维方式占9%，其他占1%。

（3）教学理念及教学目标的定位。

第4题：有个性的写生思维方式受哪些方面的影响？数据显示，教师认为受性格影响的占16%，眼手协调占18%，喜好占

22%，感性表达占27%，理性分析占15%，其他占2%。

第5题：写生教学中，哪些因素对写生教学帮助最大？数据显示，教师认为其中写生类书籍占32%，优秀儿童作品参考占51%，认知发展论占4%，绘画发展理论占5%，视知觉理论占6%，其他因素占2%。

第6题：将生活经验转化为艺术眼光的教学策略有哪些？数据显示，教师认为有效教学策略中兴趣与注意力占5%，分析形式要素占48%，运用媒材转换仅占8%，寻找形式规律占37%，其他占2%。

（4）媒材、技法的选择使用情况。

第7题：平时教学中选择的写生工具主要有哪些？数据显示，在选择写生工具时运用水笔的占62%，炭笔占18%，毛笔占10%，色粉笔占3%，纸笔占5%，竹笔占1%，其他占1%。

第8题：写生教学引导儿童尝试过的技法有哪些？数据显示，教师引导儿童尝试过的技法中线描占61%，按压占8%，擦刮占5%，刻制占12%，喷洒占5%，流淌占6%，拓印占1%，其他占2%。

第9题：儿童是否能意识到工具的选择与主题表现之间的关系？数据显示，意识不到的学生占43%，能意识到的占30%，意识性不强的占27%。

（5）教学评价的实施情况。

第10题：指导过程中教师是否强调过媒材运用的速度、力度、强度等体验？数据显示偶尔尝试过的占23%，没有尝试过的占53%，尝试过的占24%。

第11题：对于儿童的写生表现的评价时段。数据显示，教师进行儿童写生评价的时段为课堂上的占15%，课后的占35%，学过一段时间后占29%，期末占21%。

第12题：教师采用何种方式评价儿童作品？数据显示等级评定占38%，口头评定占15%，评语占11%，档案袋占2%，同学互评占5%，展示评价占29%。

4. 问卷数据小结

参与问卷调查的学校中，乡镇学校占比例较高，可以更客观地观察学校办学与教师个体成长两者相互作用下最平衡的数据，参与问卷调查教师教龄分布在5—15年之间，在一线教学的时间较长，具有一定的教学经验。避免了在教学认知上有过大偏差造成的数据变化。

对教师关注的重要问题、教学理念及教学目标定位三部分问题的反馈数据进行分析后，笔者认为教师对当前教学理念及教育目标是认同的，但在具体的教学实施阶段，更多的关注点还是在画面效果及形式构成的学科本位上，缺失对人的关注，重结果，轻过程。从具体数据上可以发现：90%左右的教师关注色彩及风格、画面形式语言是否"漂亮"；80%以上的教师觉得提升写生教学最有效的方法是借鉴学生写生作品类书籍和优秀的同龄人作品；超过75%的教师认为进行画面形式规律的分析是最直接的教学策略。

"重结果、轻过程"的认识，导致"重结果、轻过程"的教学，导致儿童缺乏充分的媒材技法去尝试与体验，缺乏媒材技法对儿童自我形成产生影响。从具体数据上可以发现：为了画面的效果呈现，约60%的教师选择单一的硬笔作为写生工具；61%的教师采用线描这种单一的表现技法。因此，仅有23%的学生尝试过速度、力度、强度的变化，缺乏媒材技法与自我表达之间的关联引导，造成自我意识不强及意识不到的学生占70%左右。

"重结果、轻过程"同样体现在教学评价的实施方面，教师轻视对过程体验的关联性评价，注重等级性评价和结果展示性评价的比率占67%。从具体数据上可以发现教师评价多发生在课后及期末的等级评定或展示上。

（二）儿童问卷

1. 问卷回收情况

2018年9月笔者在全市开展了关于写生学习情况的问卷调查。此次调查对象为来自农村、城郊、城区的三、四年级儿童。发放问卷3000份，回收有效问卷2860份，回收率为95.3%。

2. 问卷内容设计

基于儿童视知觉体验的写生教学儿童问卷（前测）

亲爱的同学：

你好！本次问卷试图了解你在美术写生学习之前的情况，你的宝贵意见是我们学术研究的重要依据。请你根据真实感受认真作答，谢谢你的支持与配合！

你所在的学校：＿＿＿＿＿＿＿＿＿＿＿＿＿

A.城区学校　　B. 城郊学校　　C. 农村学校

1. 喜欢写生课吗？

A. 不感兴趣,写生枯燥无味　　　B. 喜欢，写生很有意义

C. 一般

2. 在写生过程中，你能保持注意力集中吗？

A. 做得到　　B. 基本能做到

C. 做不到　　D. 其他＿＿＿＿＿＿＿＿＿＿＿＿

3. 完成一件写生作品，需要老师如何指导？

A. 需要老师从头到尾示范，这样比较容易学习。

B. 需要老师示范一部分，接下来我就敢画了。

C. 需要听老师讲完要点，自己就会画了。

D. 其他＿＿＿＿＿＿＿＿＿＿＿＿

4. 写生课上，老师是如何进行指导的？

A. 给我们提供一些范画，让我们照着画。

B. 经常摆放一些静物，我们一边画老师一边指导。

C. 基本不上写生课，偶尔会上。

D. 其他＿＿＿＿＿＿＿＿＿＿＿＿

5. 你尝试过以下哪些写生工具？＿＿＿＿＿＿＿＿＿＿＿＿（多选）

A. 水笔　　B. 炭笔　　C. 毛笔　　D. 色粉笔

E. 纸片　　F. 竹笔　　G. 纸笔　　H. 其他＿＿＿＿＿＿

6. 你希望用以下哪些技法表现作品？＿＿＿＿＿＿＿＿＿＿（多选）

A. 线描　　B. 按压　　C. 擦刮

D. 刻制　　E. 喷洒　　F. 流淌

G. 拓印　　H. 其他＿＿＿＿＿＿

7. 写生过程中，选择合适的工具，画面就更具有表现力。

A. 没尝试过　　B. 不认可　　C. 认可

8. 不同的绘画工具在速度、力度、强度上会产生不同的效果。

A. 没有尝试过　　A. 有启发　　B. 没有感受

9. 作品画得与实物越像就越好。

A. 是　　B. 否　　C. 不确定　　D. 我认为＿＿＿＿＿＿

10. 你希望采用什么样的方式评价自己的写生表现？（多选）

A. 打分/等级　　　　B. 口头评价　　　　C. 写评语

D. 档案袋　　　　　E. 同学互评　　　　F. 展示评价

3. 问卷数据统计

此次问卷共设计10道题，分为单选和多选题，旨在量化儿童对于学习行为表现、课堂指导情况、媒材和技法使用、写生的主观认知、学习评价的实施情况。《基于儿童视知觉体验的写生教学儿童问卷（前测）》设计内容说明如下：

内容	问卷设计目标指向 基本信息类	对应题号
第一部分	学习行为表现	第1—2题
第二部分	课堂指导情况	第3—4题
第三部分	媒材和技法使用	第5—6题
第四部分	儿童对写生的主观认知	第7—8题
第五部分	学习评价的实施情况	第9—10题

（1）基本信息类。

参与问卷调查的学校构成分布：城区学校占38%，城郊学校占32%，农村学校占30%。参与问卷调查的学生年级分布：一年级占5％，二年级占6%，三年级占31%，四年级占35%，五年级占18%，六年级占5%。学习行为表现：

第1题：儿童在被问及是否喜欢写生课，数据显示不感兴趣的占48%，喜欢占35%，一般占17%。

第2题：儿童在写生过程中注意力集中的程度。数据显示，能够保持注意力集中的占36%，基本能做到的占28%，做不到的占32%，其他占4%。

（2）学习方式情况。

第3题：完成一件写生作品，学生需要老师如何指导？数据显示，A选项，在写生时希望老师从头到尾做示范的占33%；B选项，需要老师做部分示范的占37%；C选项，需老师把要点做以解析的占27%；D选项，其他占3%。

第4题：写生课上，老师是如何进行指导的？数据显示，A选项，在写生教学中学生需要老师提供范画临摹的占47%；B选项，将静物摆放后进行教学指导的占38%；C选项，写生课基本不上的占12%；D选项，其他占3%。

（3）媒材和技法使用。

第5题：询问儿童对不同写生工具的使用情况。数据显示使用过水笔的占62%，炭笔占18%，毛笔占10%，色粉笔占3%，纸笔占5%，竹笔占1%，其他占1%。

第6题：儿童在写生学习中对媒材的期待使用情况。数据显示线描占8%，按压占12%，刮擦占17%，刻制占19%，喷洒占14%，流淌占11%，拓印占17%，其他占2%。

（4）儿童对写生的主观认知。

第7题：写生过程中选择合适的工具，画面就更具有表现力。数据显示没尝试过占67%，不认可的占14%，认可的占19%。

第8题：儿童运用不同的绘画工具在速度、力度、强度方面的体验。数据显示没有尝试过的占71%，有启发的占12%，没有感受的占17%。

（5）学习评价的实施情况。

第9题：儿童对作品评价标准认知情况，数据显示儿童认为画得越像越好的占58%，持否定意见占10%，不确定占32%。

第10题：儿童希望采用哪些方式评价自己的写生学习？数据显示，打分或等级占38%，口头评价占15%，评语占11%，档案袋占2%，互评占5%，展示占27%，其他占2%。

4. 问卷数据小结

为了和教师问卷采样保持一致性，故本卷采样时与教师卷在城乡分布方面保持统一。因小学生心智及生理发育的特点，本问卷年级界定为三、四年级，避免因年龄跨度过大造成数据指向变化。

从学习行为表现反馈数据看：60%以上的儿童对写生并不排斥，更有近35%的儿童喜欢写生，从64%的基本注意力持久度的数据上看，儿童是对写生保有一定兴趣的。

但从课堂指导情况来分析：教师对写生教学不得要领，良莠不齐，70%的儿童写生需要全部示范或者局部示范，对教师具有一定依赖性。说明课堂教学中教师缺乏对儿童视知觉感知的引导。

结合教师问卷第7、8题，从媒材和技法使用的反馈数据来看：教师从自身的便利出发，60%左右选择水笔及线描，但是儿童在对于工具期待的选择上却非常多样，水笔和线描仅占8%，其他工具和技法均占10%以上，平时写生技法过于单一。

从儿童写生的主观认知反馈数据上看：70%以上的儿童没有尝试过不同的绘画工具，能感觉到媒材的使用与造型表达有一定的关联的占19%，表明儿童对媒材尝试体验的迫切需求。

从学习评价的实施情况反馈数据看：儿童认为画得越像越好的高达58%，不确定占32%，说明教师教学及评价导向上存在重结果轻过程的问题。但问及儿童希望用什么方式评价自己的作品时，选项分布得比较散，不是很集中，这就引发了教师是否应该注重多元评价及过程性评价方式的思考。

（三）问卷分析

通过师生问卷调查，编者从现象反观教学，强烈地感受到教师的缺位直接造成儿童创作中个性表达的缺失，现将总结归纳如下：

首先，功利主义泛滥，以规范的风格代替创作表现。

从调研及访谈中了解到，大多数教师认为表现样式与个体之间确实存在关联性，但为了最后比赛结果或呈现效果的"看上去很美"，存在一种"为多样而多样"的功利主义思想。教师关注画面呈现的效果，关注造型结果的指向，诸如画面形式感的训练、画面效果的营造，而忽视了个体感知的形式法则的重构。调查结果显示，大部分教师认为：儿童的视觉图式储备越多，创作表现就越自如，于是错误地给孩子灌输了大量"成品性"的形象符号，范式的提供相当于蒙蔽其双眼，关闭其心灵之门。对外界感受需通过第三方教过的范式产生关联，危害太大。

其次，儿童缺少用艺术的眼光"去观察"的经验，也缺乏对媒材的尝试和使用。

教师片面追求作品获奖的形式感、风格表现，美术教学被竞赛的压力折磨得面目全非。儿童写生分为两个部分，即"感知与欣赏"和"表现与创作"，前者为"输入"过程，后者为"输出"过程。儿童必须通过媒材进行写生尝试，通过介质使学习结果显性化。教师在很大程度上忽略了欣赏感知与主题表现之间针对媒材的再探索过程，将儿童对画材的尝试当作"不务正业"。没有意识到玩材料是写生的开始，一味强调其结果的技术性就会忽视过程的体验和感受，扼杀个体的思想、创造和想象等综合性能力的培养，也就无从谈及基于个体的表现方式养成。学习的意义体现在过程而非结果，过程是产生结果的行动，结果的质量取决于适当的策略及技能的运用。

再次，重结果轻过程，学习目标与评价不明。

编者从访谈中发现，课堂教学评价方式存在单一性。教学评价是对教学过程、教学效果、儿童的学习表现、学习结果进行价值判断的一项指标。教学应该更加注重过程性评价的运用，尝试多种评价方式。如果将"千人一面"的填鸭式教学奉为体现其教学技能的重要依据，最终会造成儿童作品极端相似，毫无个性可言。教师缺少相关的认知：写生的结果是观念和个人意义的表现，作品不是评判课堂质量唯一的方式，写生技能不是脱离儿童成长而孤立存在的。因此教学评价的设计不能脱离教学目标，应该具有促进人的全面发展的诊断、反馈功能。

第三节　唤醒与表达　提出假设

综上所述，美术写生教学中，教师理念上存在"唯比赛结果，轻以美育人"的功利主义；评价方式单一，重结果轻过程；教学内容重学科技能，轻人文情感养成；学科引领上重画面风格，轻媒材尝试，这与教育面向未来的目标相违背，与美术核心素养"五环"理解背道而驰，无法真正地培养出未来所需人才。

为此，笔者提出以多元媒材为载体、以视知觉唤醒为切入点、以学科语言为依托的表达性儿童写生研究构想，将学习的意义体现在整个过程而非结果。"儿童原本就能自觉地用眼睛关注外界事物，敏锐的视知觉感受能够让当下的物象与经验储备当中的信息进行比较，信息匹配后发生自主审美判断。"[2]实践研究主张抛弃功利性，多一些儿童参与的主动权，教学过程中应注重过程性评价，并结合多种评价方式。在评价中形成适合体验型写生教学的成效性检测及评价体系，并在认知发展理论、格式塔心理学理论、建构主义理论等现代教育理论的支撑下，形成写生教学的相关策略，如：以问题为驱动的研究性策略、以文化情境为平台的浸入式策略、以项目主题为线索的跨学科策略、以单元整合设计为形式的深度策略。

德国著名的心理学家赫伯特·里特曾说："艺术教育不是为了训练儿童的服从性，而是为了儿童生长的自然秩序的陶冶。"笔者希望通过构建丰富多样的主观性写生内容及营造轻松自主的情境氛围，立足儿童生命教育，以视知觉唤醒儿童的美术表达，以媒材开发为实施途径，用个人的"视觉思维"去辨识、分析、剥离和生成形式要素，构成感悟形式、理解形式语义、创造性的解读对象，从而获得个性化的理解和独特的表达方式，并在创作的过程中帮助儿童学会担当责任和自我完善，让他们变得更有智慧，更有爱心，最后既能成就自己也能帮助他人。

［2］李力加.唤起知觉经验的美术学习：小学美术课堂教学研究［M］.济南：山东美术出版社，2013.

第二章 方向：综述中梳理路径

第一节 国外关于视知觉的研究论述

视知觉理论起源于早期的格式塔概念。鲁道夫·阿恩海姆发表了《艺术与视知觉》《视觉思维》等著作，对格式塔进行补充和完善后，引入美学领域，使其实用化，成为最有代表性的视知觉理论。以往心理学家认为感性的视觉感知不属于理性思维范畴，阿恩海姆在《视觉思维》中提出"视觉意象"，弥补了感性与理性、感知与思维、艺术与科学之间的裂缝。他认为"视知觉具有思维的一切本领，具有思维能力和理解能力"。[1] 儿童美术之所以出现简化或几何化倾向，是因为人类认知呈由整体到局部分化，儿童认知正是在由整体到局部、由简单到复杂的过程中不断走向成人眼中的客观现实。"视知觉不是对视觉要素的机械复制，而是对各种具有重要意义的结构图式的理解。"[2] 这种理解是有思维意识的，具有儿童的主观能动性，也是著名美术教育专家尹少淳先生在美术核心素养"五环"下添加视觉形象的意义所在。视知觉是美术语言表达的缘起。

随后，艾斯纳教授在《儿童的知觉与视觉的发展》中提出美术教育本质论观点，从美术本位上论述视觉感知、发生、表达的儿童造型能力，提升理论及模式架构。而维克多·罗恩菲德在《创造与心智的成长》中提出美术教育工具论观点，认为美术教育的目的不是单纯的学科能力的获得，而是通过对美术的学习，弥补缺陷及促进人全面素养的提升。他认为在学习的过程中，需要通过触觉、视觉和听觉的直接体验，才可以全面地发展孩子的观察力和想象力。也就是说，儿童视知觉思维的发展不仅仅需要

[1] 鲁道夫·阿恩海姆.视觉思维：审美直觉心理学 [M].藤守尧，译.四川人民出版社，1998.

[2] 鲁道夫·阿恩海姆.艺术与视知觉 [M].孟沛欣，译.长沙：湖南美术出版社，2008.

眼睛来承担，更需要手、耳的"全身心"的投入，才能建立起儿童自我的认知方式，这种方式就是"我为什么看？我为何而做？我要表达什么？"的认知思维体系建构。

阿恩海姆对视知觉理论体系的完善和发展，为儿童美术提供了心理学上的理论支撑，确定了儿童美术中观察感知的地位和作用；艾斯纳及罗恩菲德的补充，又为儿童美术的教育意义提供了学科及育人的理论架构和操作策略建议。这些，都为基于儿童视知觉的写生研究提供了有意义的启示和思考，也就是说，基于视知觉的写生研究方向是正确的。

第二节　国内关于视知觉及相关研究论述

因视知觉对儿童美术的重要性，国内也多有关注其"落地"的相关研究并形成了一定的成果。编者以"视知觉体验"为关键词，在中国知网 CNKI 中进行检索后，将与本研究相关资料摘选部分如下。

1. 美术教育专家李力加先生在2013年出版的著作《唤起知觉的美术学习》中详细地阐述了视知觉思维理论指导下的美术教学如何开展，并用了2005年以来在小学美术课堂教学实践中的100多个案例片段，将其融合于学理分析与论证文本之中，提出研究的意义、实践性、实用性、推广性，为基于视知觉的小学美术课堂教学实践奠定坚实的理论基础。

2. 吴乃顾在《阿恩海姆艺术视知觉表现性理论初探》中表示，首先，视觉思维源起于直接感知，本身就具有从不知到知的探索性。其次，由于视觉思维的运作单元或思维工具是视觉意象，而非经过加工的语词或概念，所以它既灵活又易于操作。再次，由于视觉思维是在主体与客体直接交流中进行，因而主体还完全有可能在对客体的直接感受和体验过程中，实现知识间的贯穿，使自己头脑里长期积累的经验知识突然间得到升华而产生某些顿悟。

3. 卢家榕的《阿恩海姆视知觉理论中的意象对儿童美术教学的启示》通过分析阿恩海姆视知觉心理学中的意象，阐述视知觉心理发展的规律，介绍格式塔心理学中意象的理论促进儿童视知觉思维的发展及观察能力的提升的过程；并运用意象的规律，在美术教学中找到相适应的教学方法和手段。

编者以"儿童写生"为关键词，在中国知网 CNKI 中进行检索后发现，在具体经验总结性方面的资料还是非常多的，现将与本研究相关资料摘选部分如下。

1. 李力加教授的《儿童线描写生的探索——推荐赵永华老师的课堂教学实践》在介绍嘉兴平湖赵永华老师的儿童线描写生时提到：写生教学内容要有基于儿童生活经验的主题性；要有基于儿童原生体验所触发的主观性。这给写生内容开发和观察引导方略上提供了思路。

2. 孙萌在《浅谈小学美术写生教学策略》提到：走出固有框架，学会观察；打破以往模式，"教"为"不教"；创造性使用教材，利用多种材料。其中提及的材料的多样性为写生媒材的开发以及如何从体悟中生发自我的学习体系建构提供了很好的思路借鉴。

经过文献查阅与分析，国内对视觉语言的相关研究较多，现将与本研究相关资料摘选部分如下，具体见表2-1所示。

国内关于视觉语言研究摘选

作者	题目	观点
蒋月皎	《视觉语言在课堂教学中的作用》	视觉语言是无声语言
王敏	《论海报视觉语言东方元素和西方形式》	视觉语言是文化态度，行为方式
张慧娟	《基于视觉语言的绘本插画叙事设计研究》	视觉形象是视觉语言的语汇语法

表2-1
国内关于视觉语言研究摘选

与儿童美术教育最贴合的视觉语言研究是黄露博士的专著《儿童的美术语言》，其论著分五章，从儿童的视觉感知入手，以生动鲜活的教学案例对线条、形象、色彩、空间、构图等美术视觉语言进行阐述，具体为：线条的魅力——运用线条的规律分析；形象的解码——形象表现能力和规律；色彩的破译——色彩语言的表达；空间的发展——儿童空间与艺术家空间的表现；画面的组织——画面组织原理的解读与运用。通过对相关资料的梳理，阐释了什么是视觉语言，视觉语言在实际教学中的运用策略等，为研究的实践性和操作性提供了有力的保障。

第三节　确定基于视知觉体验的研究路径

在研究起始前，编者首先确定了三大原则，整个研究目标、实施内容、实施策略、评价标准等都依据这三个原则展开和推进。

（1）以纲为基：基于儿童视知觉写生的研究目标、课程内容、评价体系的构建遵循国家美术课程标准的要求进行延伸和拓展。

（2）以生为本：基于儿童视知觉写生教学内容的开发，考虑儿童的身心特点，按难易程度进行梯度编排；教学策略方面要充分发挥儿童的自主探究能力，避免灌输式教学；教学评价的把握上考虑儿童的个体差异，避免"千人一面"。

（3）以点带面：在美术造型能力的提升中，重视儿童非智因素的培养。儿童的非智力因素包括学习品质、意志力、克服困难的勇气、团结合作的精神以及自信心等。美术教育既要解惑，更要传道，非智力因素的培养是构成核心素养综合素质不可或缺的因素。

在国内外综述中，美术学习的最终目标是素养的全面提升，而非单一的知识与技能目标的达成；美术语言表达风格的多元化是根植在视觉形象的直觉感知之上的，是源点；知觉感知又离不开个体的经验认知、媒材体悟、文化背景……为此，编者进行了基于视知觉体验的儿童写生研究的逻辑关系梳理。具体见图2-1所示。

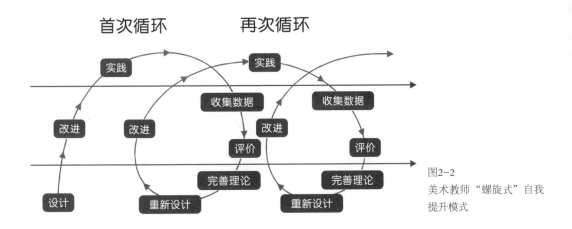

图2-1
基于视知觉体验的儿童写生研究的逻辑关系图

　　另外，研训平台的搭建也是开展研究、建设队伍的重要保障。具体有：市级24学时专题培训平台、市四大联盟专题研究培训活动平台、市名师工作室平台。还有针对青年教师提升量化目标计划模式、协作性教研模式、"螺旋式"自我提升模式等。具体见图2-2所示。

图2-2
美术教师"螺旋式"自我提升模式

第三章 概念：理论中精准定位

第一节 相关理论依据

（一）认知发展理论

近代著名儿童心理学家皮亚杰提出儿童认知发展阶段理论，其研究从心理学出发，不仅承认儿童的主体性地位，而且肯定儿童并不是被动地接受信息。儿童认知能力的发展具有阶段性特征，不同阶段有着不同的看待世界的思维和理解方式，最终按照自己的研究和总结，将儿童心理发展分为感觉运动阶段（0—2岁）、前运算阶段（2—7岁）、具体运算阶段（7—12岁）、形式运算阶段(11岁至成人)四个阶段。

罗恩菲德把儿童美术的发展分为六个阶段：儿童自我紊乱涂鸦阶段（2—4岁）、样式化前阶段（4—7岁）、样式化阶段（7—9岁）、党群年龄阶段（9—11岁）、推理拟写实阶段（11—13岁）、青春危机期（13岁以后）。罗恩菲德认为这些发展阶段是知觉程序自然展开的结果。

艾斯纳在艺术发展阶段提出了机能性快感阶段、图面记忆表述阶段、再现阶段与美感表现阶段；高德纳提出审美发展研究四阶段，具体分为婴儿知觉阶段、符号认知阶段、写实认知的高峰、打破写实与美感萌生阶段。

中国美术教育专家王大根认为儿童绘画发展各阶段除了与身心发展水平相关外，还与儿童言语发展水平相关。他发表了《儿童绘画——言语发展理论》[1]对于不同阶段学生的美术教学提供了重要的理论依据。将儿童绘画发展分为涂鸦期（1.5—3岁）、"词"的符号期（3—5岁）、"句"的符号期（5—7岁）、陈述

[1]王大根.儿童绘画——言语发展理论[J].上海教育科研，1996（4）.

的符号期（7—9岁）、陈述的写实期（9—11岁）、分化的写实期（11—13岁）。

心理学家和教育专家将儿童的年龄以及心理发展划分为各阶段的目的是助力绘画发展规律的研究。编者将各派别汇总归纳，比较分析各派别在不同心理发展阶段的特征及划分表述，为本次美术教学实践提供了重要的理论依据。

儿童认知发展阶段的各种分期和称谓一览表[2]

发展派别	儿童年龄成长阶段					
认知发展 皮亚杰【瑞士】	感觉运动 阶段 （0-2）	前运算 阶段 （2-7）	具体运算阶段 （7-12）		形式 运算阶段 (11岁至成人)	
绘画发展理论 罗恩菲德【美】	紊乱涂鸦 （2-4）	样式化 （4-7）	写生萌芽 （7-9）	理智萌芽 （9-11）	拟写实 （11-13）	青春 危机期
艺术发展 阶段理论 艾斯纳【美】		机能性 快感阶段	图面记忆 表述阶段		再现阶段	美感 表现 阶段
审美发展研究 加登纳【美】	婴儿知觉 阶段	符号 认知阶段	写实阶段的高峰		打破写实 与美感 萌生	
儿童绘画 发展阶段理论 王大根	涂鸦期 （1.5-3）	"词"的 符号期 （3-5）	"句"的 符号期 （5-7）	陈述的 符号期 （7-9）	陈述的 写实期 （9-11）	分化的 写实期 （11-13）

[2] 王大根.学校美术教育目的论 [M].长沙：湖南美术出版社，2014.

以上理论研究表明，儿童绘画发展有其自身规律，绘画在各阶段有着明显的差异，这些都是实施美术教育的理论依据。结合国内外专家的发展阶段理论，以及编者多年写生教学实践的观察，现对各年龄段儿童写生发展特点做出经验总结：3—5岁左右的儿童处于象征期，刚接触写生训练，训练时间不宜过长；5—6岁左右的儿童处于形象概念形成期，能够去认识客观世界；6—8岁左右的儿童处于写实萌芽期，已初步具有逻辑思维能力，有了自己的见解；8—12岁左右儿童进入视觉写实期，开始形成自己的一套观察和表现方法。各阶段的绘画特征阐述如下。

象征期（3—5岁）

处于象征期的儿童写生时不看对象，以默画为主。再复杂的对象在他们笔下都会被抽象成简单的几笔，与真实物象相差比较大，但形象更具独创性，具体见图3-1所示。此阶段的写生训练时间和次数不宜过长、过多，以接触和了解写生为目的。在媒材的使用方面应以广泛接触和尝试为主。

图3-1
象征期儿童写生习作

形象概念形成期（5—6岁）

5—6岁时，儿童的大脑发育已达成人的90%，言语和行为上开始有"小大人"的表现，虽然已经渐渐地能客观、实事求是地去认识客观世界，但其实还是处于幼儿阶段，作品具体见图3-2所示。这个阶段他们还不能以记住的、经历过的知识为基础画所见的物体原样，在进行写生时还是不太顾及客观对象。

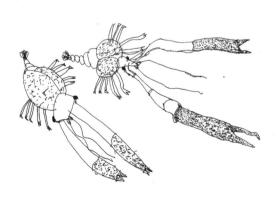

图3-2
形象概念形成期儿童写生
习作

写实倾向萌芽期（6—8岁）

过了6岁的儿童已经开始形成初步逻辑思维能力，有了自己的见解，开始以客观的态度去观察现实生活环境并进行探索，具体见图3-3所示。他们对幼儿期间深信不疑的童话、梦幻开始产生怀疑，对以前自己常采用的"古怪""不合逻辑"的表达方式持否定态度。开始羡慕比自己大的孩子以及成人的绘画。

图3-3
写实倾向萌芽期儿童写生习作

视觉写实期（8—12岁）

这个阶段儿童的空间知觉有了较大的进步，开始由平面的空间思维向立体思维过渡，对一般抽象的复杂的概念开始了解和学习，逐渐形成自己的一套观察和表现方法，具体见图3-4所示。

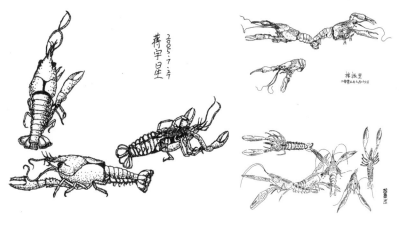

图3-4
视觉写实期儿童写生习作

写生教学不能轻易忽视这一阶段，应该清楚这是儿童表现的黄金期，要善于利用"螺旋回归"加强对造型能力的训练，这是丰富儿童心灵和潜能的一个重要的契机。教师要以儿童为中心，为其提供一个探索与体验的环境，并在开放互动的情境中，引导儿童用心、用眼、用手、用耳、用肢体去感受，并形成独特的表达方式。

儿童的认知规律其实与整个美术史的发展也有一定的耦合。儿童在视觉图式中展现的某些形式，与原始艺术和某些技术不太熟练的成年人的作品有着相似的地方，具体见图3-5所示。从心理学的角度来看，艺术形式在某一文化中的发展过程，很有可能是从某些一般性、普遍性的简单形状开始，逐渐向复杂的形状进行过渡，就像从先民的岩画到古典主义再到后现代主义的画作。

图3-5
不同时期绘画的表现样式

在原始岩画当中，我们可以感受到对形象的高度概括和抽象，其形象更接近于一种符号，而文艺复兴时期的作品就具有高度的写实性，尽可能高清地还原客观的世界。而到了涂鸦艺术中，我们似乎又看到了一种简单的符号性现象。历史总是以螺旋形的轨迹在发展，在叠合。

我们再来翻看艺术家的成名历程，特别是后现代艺术家们，会发现一个有趣的现象：比如大家熟悉的毕加索、达利、康定斯基，他们不是从一开始就带有强烈的个人风格，其作品有过让人"看得懂"的阶段，具体见图3-6所示。这是因为他们在洞晓了美术造型元素的奥秘后不甘心于故步自封。如果再将时间往前推，能够想象得出艺术大师幼儿时期作品的样子，应该还是"看不懂"的儿童画。

图3-6
艺术家绘画风格的演变

　　通过对儿童认知发展规律、美术发展史、艺术家成长史的深入了解，如果想让儿童们在艺术之路上走得更远，将来往具有主观个性的方向发展的话，"就要让儿童在'稚拙期'时广泛地接触生活、积累丰富的经验，主观地大胆尝试，主观地赋予意义，让这种自主创作行为促进智商、审美、思维乃至各种品质的全面发展"。[3]

[3] 王大根.小学美术课程与教学［M］.重庆：西南师范大学出版社，2020.

（二）格式塔心理学理论

　　格式塔心理学是以马克思·惠特海默、沃尔夫冈·苛勒和考夫卡为主要代表人物提出的基本理论。兴起于德国，二战后获得了广泛传播和发展，鲁道夫·阿恩海姆在《艺术与视知觉》中提出"整体不等于各部分相加之和"。这就要求，写生教学应考虑本质的构成并强调整体组合关系，让形式的构成与艺术家精神世界两者创设架构，形成新的活动空间，追求新的视觉可能性。

　　阿恩海姆基于自己对人的基本素质的理解，将教育的基础课程分为三大中心领域。其一是哲学，它主要培养儿童的逻辑思维能力；其二是视觉训练，使儿童学会将视觉现象作为有组织的思维构成的主要途径；其三是语言训练，使儿童能够用语言交流自己所思考的问题。阿恩海姆将格式塔心理学理论与儿童美术整合，找到了知觉分化与发展要素，并进行独到的解释。比如，他认为儿童美术之所以有一种简化和几何化倾向，如用格式塔理论来解释，就是因为人类的认识是从整体到局部逐渐分化的过程。儿童天生就会通过美术表达自我，绘画从最简单的元素——从线条开始，而后进入最简单的形状——圆形。随着区别的强化，儿童开始将最简单的圆形加以分化。更进一步地发展形成了用水平和垂直关系来表现物体。最终增加了倾斜关系，而使作品变得越来越复杂。儿童在绘画由整体到分化、由简单到复杂的过程中，逐渐学会自我表达并不断走向成人眼中的客观写实。

（三）建构主义学习理论

建构主义学习理论强调个人的知识是在原有知识经验基础上建构起来，从而形成对世界的理解。著名心理学家皮亚杰、维果斯基是建构主义理论的奠基人。"皮亚杰揭示了儿童认知结构四个阶段，维果斯基创立了被广泛认可的'内化说'从而把'最近发展区'变成现实的发展。"[4]美国的教育心理学家布鲁纳提出"认知—发现"学习理论，奥苏伯尔在布鲁纳"发现学习"的基础上提出"有意义接受学习理论"。基于以上几位代表人物的观点，建构主义对基于视知觉的写生教学有益的启示有以下几点：

首先，注重以学习者为中心。儿童作为一个独特的个体和发展的主体，除了需要掌握造型的技能和方法外，还需提供更多媒材与情境，通过媒材的使用、图形语言的引导，使儿童的想法、经验、情感等以形象化的方式呈现，回忆、分享、记录、表达自己的探索过程及结果，使儿童在美术语言的世界里快乐成长。

其次，建构主义认为教师不是知识的传授者而是支持者。教师需要提供有效的教学方法和策略，培养儿童感性表达和理性分析的能力。引发儿童主动表现意识的萌芽，激发儿童主动表现的兴趣，增加儿童大胆表现的勇气。通过习得关键美术语言并进行自由组合，在熟悉有关美术语言媒介之后，敢于借助图形或视觉形象主动表达与自己认识、经历相关的一切，这对于转变被动模仿的儿童美术教学方式具有特殊的意义。

再次，从建构主义的知识观来说，教学内容和学习目标在儿童亲身经历后得以实现，因此教学的过程性评价至关重要。评价标准是根据学习内容制定的，关注儿童在不同年龄段学习能力的达成情况。评价途径主要分为评价的反馈形式和评价工具两部分内容。评价主体主要为儿童自评、同伴的评价、教师评价和家长的评价。评价的内容包括教学的实施过程、评价结果和反馈改进三方面，最终，以评价促进教学目标的设定与调整、学习内容的

［4］刘万轮，田学红.发展与教育心理学［M］.北京：高等教育出版社，2011.

把握，改善学习的方法。为此，写生研究的评价体系首先要明确评价目的，再针对各年段视知觉目标的达成进行测评。

（四）后现代课程观理论

后现代课程观主要是研究在后现代状况下，如何建构一种新的课程范式。后现代课程观对本研究的评价部分有以下几点启示：

首先，具有严密的评价观念。对学习过程中所出现的问题、策略及其结果进行多方面的自我评价、小组评价及教师评价。本次研究主题的评价是根据各学段的教学目标，运用合理的评价工具对学习过程和结果进行判断和反馈。评价的落实将分为三个阶段进行，根据不同年龄儿童的身心发展的特点，结合相关的教学内容与各学段的学习目标进行要点解析。

其次，关联评价主体。在评价过程中教师不是单纯的评价主体，要关注学习者对自我的评价和同伴的互评。例如采用绘画日记自我评价，从学情和儿童心理的角度出发，以关键词或关键句为引导，对学习过程表现做出相应的判断。比如采用日记评价能够反映出儿童的个性与特质，帮助教师更好地判断知识技能和情感态度方面的表现。电子档案袋对于儿童来说具有实际的功能和意义，能最大限度地指导儿童建立和设计有自己姓名、年级和本人电子照片的文件夹。教师可以随时查取和调看儿童作品，在分析儿童作品优良的同时还能协助教师在教学方面进行及时的调整，是体现科学性、时效性、操作性的评价机制。

再次，丰富评价路径。写生评价应采取丰富多元的行动模式，以各种形式丰富评价的途径：如口头评价、理解性的表述、统计等方式。评价主体主要为儿童自评、同伴的评价、教师评价和家长的评价。评价途径包括课堂行为观察、课堂提问、作品分析。在课中和课后的评价主要通过观察日记、写生记录单、绘画日记、电子档案袋、学习单、学习评价表的方式进行。

（五）具身认知理论

具身认知的思想来源是梅洛-庞蒂的身体现象学。身体现象学认为，人们借助身体感知世界，因此身体是人们认识世界的基础，而身体与外部世界的相互作用塑造了人们的行为，认知、身体和世界是相互统一的。从古代孔子的"行是知之始"、王明阳的"知行合一"到近代库伯的体验学习、英国哲学家洛克的"白板说"和美国教育家杜威的"做中学"可以看出，身体对学习的影响不言而喻，他们都在强调实际教学中"做"的重要性，重视身体的价值。

杜威说："我们所需要的是儿童以整个的身体和心灵来到学校，并以更圆满发展的心灵和甚至更健全的身体离开学校。"[5]这给本书写生研究带来了诸多启示，首先，教师需要考虑在教学内容的选择上是否能够充分调动儿童的学习积极性；其次，教学方式是否结合儿童生活经验，情境创设是否贴近当下的生活情境，文化情境是否适合儿童年龄特征；在绘画媒材的使用上是否能够根据儿童身心发展的不同阶段和个性特征做出相应的体悟性的选择。

综上所述，基于儿童视知觉体验的写生课程，首先要研究儿童心理学，从儿童心理出发，了解认知能力发展阶段性，承认儿童的主体性地位，肯定儿童积极主动探索的特性。在此基础上，研读格式塔心理学理论，懂得儿童认识的简化和几何化倾向，明白人类的认识是从整体到局部逐渐分化的过程。在建构主义学习理论中明确以儿童为中心，以教师作为学习的支持者，要认识到过程性评价决定教学目标。从而确定本次研究的主题是在视知觉理论的引导下，以建构主义的教学观和教师观建构指导思路课程的路径。在理清课程设计的逻辑后，确定单元主题以及目标并跟进评价体系。

[5] 杜威.杜威教育论著选[M].赵祥麟，王承绪，编译.上海：华东师范大学出版社，1981.

第二节 核心概念界定

本节为核心概念的界定部分，主要概述视知觉、知觉体验、视觉语言及儿童与写生四个基本概念以及在本书写生研究中的范畴界定。

（一）视知觉

阿恩海姆在《视觉思维》中提出："'视觉意象'，弥补了感性与理性、感知与思维、艺术与科学之间的裂缝。"他认为："视知觉需服从格式塔的组织原则：感知，尤其是视知觉具有思维的一切本领，具有思维能力和理解能力。"[6]他在《艺术与视知觉》一书中提及，视知觉是指视觉对物象的一种信息解释，并利用其来计划和行动的能力。

"眼睛不是用来看的，而是用来感觉的。"视知觉并不是简单的"相机"录入，而是主观能动地对外界的客观还原，是人与物之间的一种情感交流，无需借助第三方。视觉图式与视知觉之间存在因果关系，在个体内部的主观感知与外部客观事物作用后，形成一套极具自我的输出体系和方式，我们所说的风格就是视知觉介入的结果，艺术家之所以能以一种独特的视觉图式进行表达，就是依托自身独特的视知觉感受。

具体来说，在交流的过程中，事物会向视觉主体传达某种信息及意义，而观者也会产生视觉感受倾向，并形成情感情绪的连锁反应，比如，事物传达的信号有主次并带有明显的情感倾向时，知觉主体会产生同样的情感感受；而当意义表达过于混淆和模糊时，则会在信息的传达和视觉审美上受到阻碍。只有抛弃那些先入为主的概念及概念所包含的抽象意义，从视觉图式本身的特性出发，才能够从审美直觉的角度深入研究视知觉的基本规律，并进一步了解视觉语言的形式法则以及视觉审美的运作原理。比如，当我们观察一座江南古镇的拱桥时，如果先调用之前关于桥的知识，再去观察拱桥，就无法调用其视知觉思维体系。抛弃对事物原有的抽象认知，从自己的喜好、从事物原本的形式

[6] 鲁道夫·阿恩海姆.视觉思维：审美直觉心理学 [M].藤守尧，译.四川人民出版社，1998.

规律等视觉语言间寻求"自以为是"的视觉感知，保持对事物的陌生感，在视觉语言中重构自我的体系，就是本书对视知觉的解读。

（二）知觉体验

简单来说，看见了、察觉了物体的存在，是视觉的接收功能。但了解看到的东西是什么、有没有意义以及大脑怎么作解释，是属于较高层的视觉认知的功能，是知觉体验上升到高阶认知的过程。梅洛-庞蒂在知觉论中指出，身体的每一种感官都对应着相应的感觉，从而获取独特的知觉体验。感官不是独立存在的，而是以视知觉为主，其他感官为辅的综合性体验，以此来达到对客观事物的整体认识。儿童对外界事物的经验获得并不与生俱来，比如，幼儿观察到从冰箱里取出的食品"冒烟"和水壶里的热水"冒烟"只是现象感知，但要形成高阶的冷热认知则需要身体的靠近、皮肤的接触等多感官介入，这也是儿童"多手"的道理所在。

我们重点来谈视知觉体验，视觉接受客观真实物象在"远观其势，近取其质"的过程中获取的形状、材质、色彩、明暗、轻重、远近等认识并对其做出信息解释，选择适宜的媒材作为载体，主观能动地表达个体主观情感浸润下的独特认知。"看到什么"和"想看到什么"一字之差，是本书在课程实践中对知觉体验的另一追求。

在儿童美术教育中要培养其艺术的知觉能力，首先要尊重个体对事物的独特关注，这种关注可能是片面的、感性的、碎片化的……而我们要做的是尊重个体对事物关注角度的独特性和多样性。比如拿图3-7《吉夜》与图3-8《受伤的鹿》作比较，我们会发现：在客观再现的准确度上，《吉夜》符合现实世界的客观标准，而《受伤的鹿》显得奇幻；但在表达的直接性上，后者让观众一眼就可以感受到卡洛内心的创伤和疼痛。这种截然不同的表现，离不开画家独特的知觉体验以及视觉语言的个性化表现。

图3-7（左）
吉夜
图3-8（右）
受伤的鹿

　　知觉体验中的"看"有时需要根据主观意愿改变视觉常态，需要改变"苹果红、树叶绿"这种感性认识，只有改变眼睛的观看方式，才能具备艺术感觉，才能驾驭视觉语言和媒材工具来诠释对象。

　　（三）视觉语言

　　语言是思维工具，也是交际工具。语言同思维有着十分密切的联系，是思维外在的承载和表现的形式。将语言看作是一个符号系统，以语音为外在载体，以语义为表现内容。分为能指和所指，能指是指语言的声音形象，是语言的符号表征，表现为语汇和形式，所指是指语言所反映的事物的概念。

　　视觉语言具有广义语言的属性，但又有其独特性。"视觉语言"这一概念，早在20世纪20年代的包豪斯时期就开始形成。视觉语言是由视觉基本元素和设计原则所构成的一套传达意义的规范系统、符号系统。其中，基本元素包括：线条、形状、明暗、色彩、质感和空间等，它们皆是构成一件作品的基础。这些基本元素相当于建一栋房屋所需要的砖、瓦、沙子、水泥、钢材等等，也类似于文字语言中的字和单词；设计原则包括：布局、对比、节奏、平衡、统一等，它们都是艺术家用来传达意义的原则和方法。艺术家根据需要选择相应的材料和表现形式（雕塑或者绘画、具象或是抽象），运用一定的原则和方法，在一定的范围内控制各种元素之间的关系，最终形成能够传达特定信息的图像，具体见图3-9所示。

图3-9
构成视觉语文的基本元素
及其组合

　　视觉语言是作品中不可或缺的因素，在创作中起着至关重要的作用。视觉语言是因体验而来、因感受而来，当一个人所有感官都被封闭的时候，他其实是没有内心世界的。一个盲人到海边，他虽然看不到但是可以去听、去感受。所以感受和体验是视觉语言中非常关键的因素。正是由于每个人的感受、体验不同，才会产生各种不同风格的作品，而这种风格可以理解为语音，好比"中国人"三个字，四川和浙江方言的语音就截然不同。

　　同样都是画一棵树，但是不同画家的"语音"表达是各不相同的，如图3-10所示。左侧作品采用的是写意的方式，体现了悬崖之树的坚韧不拔、自强不息；中间作品充分使用了点、线、面、色等视觉语言的基本要素，好似在诉说着它们是如何直面困境、不断拼搏才达到了茁壮生长的目的；右侧作品采用的是写实的表现手法，充分展现了树的结构及其基本特征，塑造出大自然的细节，十分逼真。

图3-10
同一棵树的不同表达方式

　　视觉语言的语音外壳就是"运笔"，符号系统就是形式美感规律。这就决定了写生实践中要从两个方向加以划分：一是关注"文字"，注重线条与线条在排列组合时呈现的形式美感规律，如粗细对比、块面对比、黑白对比、动静对比等；二是关注"语言"，研究运笔用线时提按顿挫、快慢有别的感受，以及不同材质媒介上的变化。

　　同时，视觉语言还具有"语调"，即情绪性。在不同情绪的驱使下，同样的语句能表达完全不同的意思。比如，"我很累"，如果我们用温和的语气说得很慢，就是疲劳；如果说得很大声且有力，则表达出愤怒。在绘画中也是同样的道理，视觉语言也有着和口头语言同样的调性。同样是曲线，在海螺、木纹及蒙克的绘画中，我们分别体会到生命的生长，岁月的沧桑，窒息与绝望，如图3-11所示。

图3-11
线条在视觉语文中的调性

　　美术语言被人们认为是绘画者借助艺术创作形式，将自身所理解的独特艺术造型客观地呈现在欣赏者面前，最终形成一种极具美感的视觉形象。实际上对于视觉语言而言，它还应该具有更深的内涵：那就是绘画者通过自己独到的观察角度与方法来理解生活的能力。抽象地说，正是由于绘画者本身所受到知识结构及情感因素的影响，对于客观事物的理解可能会存在有意无意的歪曲。这代表了作者看世界的方式，是对自然界中所有信息的重构过程，此时的视觉语言就是独特且充满个人魅力的。

（四）儿童与写生

写生是一种绘画方式，是以真实的静物、人物、景物等为对象，通过对事物观察、感受和理解，再运用一系列的媒材和美术语言进行表现。儿童阶段的写生是指儿童广泛地接触自然与生活后，将其积累的视觉经验用视觉语言加以表现和表达的过程，是儿童认识世界、表现生活的重要手段。低年段的儿童写生有时"不完全画其所知，亦不完全画其所见，有时还画想象和情感"。[7]中年段的儿童逐渐从造型表现的成熟开始追求空间的真实。高年段的儿童开始进入写实期，写生多了些观察和理性，能更深刻地认识事物、表现事物，是观察能力、分析概括能力、造型能力及审美能力提升的重要阶段。

儿童写生需要多种知觉体验先行。可以理解为触觉到视觉的转化过程，因为触觉是人类最基本的知觉，连接着最初的感知经验。比如在《老物件》写生时，让儿童触摸物件肌理，谈体验感受，再引导眼睛像双脚触及大地般地在物件轮廓及结构线上"散步"游走，感受行进过程中的提按顿挫。再如欣赏《春如线》时，引导视线跟随线条痕迹游走，体会走线的舒缓、急促、力度、速度，体会生命的萌动和倔强。"唯有进入学生情感、生命、灵魂深处的教学才能内化为学生高尚的道德生活和丰富的人生体验，学科知识增长的过程也就成为人格健全与发展的过程。"[8]儿童写生需关注线条本身。线作为面与面的接壤或物象边沿的绘画线条，是人类观察世界、对话世界的直觉符号。对线的认知是向写生符号迈出重要的第一步，此时不再停留在自然现象的外壳上，而是研究线条本身。这就要求儿童的眼睛随线的游走去重新寻觅轮廓线、结构线、轴

[7]宋症殷.美国的美术教育思潮[J].美术教育，1989.

[8]余文森.核心素养导向的课堂教学[M].上海：上海教育出版社，2017.

线、明暗交界线，对物象视而不见，将视觉感知重点转化为一种
纯粹对形式倾向、抽象概念上的关注：如运动中的线、作为肌理
的线，面的解析所体现的形态的线，又如瞬间呈现的线，甚至是
看不见的线，都应该努力在教学实践中让儿童去感受体会并加以
掌握和运用。

　　此外，儿童写生需要媒材工具的多样性。常用的工具有铅
笔、炭笔、炭精条、钢笔、尼龙水笔、签字笔、记号笔等，选用
不同的工具材料会产生不同的艺术效果和情绪体验。应该在不同
媒材工具的尝试体验中，寻求表现的最佳方式。

第三节　明确基于视知觉体验的研究方向

　　编者根据现状分析与相关理论指导明确了课题的研究方向：
以视知觉体验作为切入点、以媒材开发与多元化的媒材使用为写
生教学的基点。

　　通过对国内外相关理论研究的资料进行梳理，可以发现：核
心素养下的儿童写生教学需要更新观念，确立科学的教学观。在
认知发展理论的指导下，从视知觉角度深入了解视觉语言的形式
法则以及视觉审美的运作原理。在理论的指导下利用多方位的学
习资源开设关于儿童视知觉体验的课程。

（一）以视知觉体验为切入点

　　"由于儿童美术学习的早期知觉经验来自于他们已有的'文化
模式'，因此，导致了普遍的儿童群体相似人格形态的产生。"[9]
普通人对于现实生活里物象的知觉就是用眼睛看，看到的人即是
人，看到的山即是山，看到的高楼大厦即是居所……写生并不是
对现实生活的描摹，而是画者个人的心理感受与表达。普通人的
视知觉是以生活知觉来认识的，因此普通的儿童并不能顺畅地达
成一种"美术接受"。这就需要培养一种直觉的、主动的、整体
的视觉把握能力，与事物进行情感交流。在交流的过程中，事物
会向视觉主体传达某种意义，而观者也会产生某种视觉感受。

［9］李力加.走向多元的
美术教学［M］.长沙：湖
南美术出版社，2009.

首先，写生必须将"看"的意义扩大化，即用艺术的眼光看。比如，自然界一块被侵蚀的石头表面，狂风中一朵盛开的牡丹花，湖水荡漾的波纹，一幅气象卫星云图，如果用不带感情色彩的用几何图式去再现，它们的基本形态是一种程式化的表达，但如果以一种极具视觉张力的形态再现，就要寻求全新的视角与焦距。而这种全新的视角与焦距就需要以一种生命的共情代入才能被体现，正如阿恩海姆提所说，眼睛的看带有主动分析、自主意识等多重知觉。视知觉是视觉对物象的一种信息解释，是一种观察生活的方式。这就是说，在我们的所见所思所悟中，有主观情感的介入，是外部物象与内部世界交织的过程。这种教学观的不断强化和延伸可让儿童获得符合自己风格的视觉图式。

其次，视知觉体验是写生教学的一个必经之路。从建构主义的知识观来说，首先要尊重个体对客观世界的独特关注，要嵌入其视知觉体验。视觉关注可能是片面的、感性的、碎片化的……在教学中要充分意识到这种带有主观意愿的关注。"相由心生，境随心转"，有什么样的心境便会看到什么样的事物，每个人从自身喜好或者当时的某种情境出发，会关注不同的细节，并通过绘画这一形式加以强调。培养儿童视知觉感知的主观能动性，要在教学的实施和引导过程中融入儿童的生活经验，营造知觉体验场，唤起知觉意象，将视觉感知与学科要素共融，只有这样儿童的心理逻辑和学科逻辑才可能产生交互，才能真正促进儿童身心的自由发展。

再次，视知觉理论与认知发展理论为课程的建构指明路径。在感知的过程中强调儿童感知的主观能动性，以自己独特的"错误方式"去理解物象，这是个体艺术语言风格化形成的关键，通过培养儿童的视觉能力、注意力、记忆力、辨别力和想象力，再将这种视觉能力转化为感知能力。不同的个体对于任何事物的知觉体验及出发点必然有所不同，正是由于我们每个人的知识储备、文化背景、所处环境、生活方式的不同，在观看事物时所感兴趣的点也是不一样的，因此造就了各种风格的美术作品。

（二）以媒材多元为基点

在建构主义、认知发展理论的指导下，树立课程开发以媒材的多元为基点的教学观。建构主义学习理论强调个人的知识是在原有知识经验基础上建构起来，从而形成对世界的理解。纵观艺术史，艺术语言表达的多样性与丰富性均离不开各类媒材的使用。艺术语言的习得除了需要掌握造型的技能和方法外，还需提供更多媒材与情境的浸润，通过多种媒材的使用、图形语言的引导，使想法、经验、情感等以形象化的方式呈现，通过回忆、分享、记录等方式来表达自己的探索过程。课程开发以儿童发展为本，关注具体的学情和需要，根据阶段性的学习目标循序渐进地渗透和积累，从视觉感知维度的游戏经验、视觉与触觉的联动经验、知觉与语法的启动经验等方面有选择性地综合运用媒材。

首先，认知发展理论为多元的媒材写生阶段性划分提供了依据。

眼睛的看带有主动分析、自主意识等多重知觉功能。在写生教学中倡导儿童以游戏尝试媒材的综合运用。感受不同的工具及其表现形式在画纸上留下的痕迹。各类媒材在不同力度的运行、不同的操作方式中留下的刺激信息，通过表现者的手头触觉迅速反映到视觉感受中。与此同时，"在思维活动的作用下，各种触觉所留下的痕迹被不同儿童的视觉所接收。"[10] 因为视觉对刺激物具有过滤性，所以这个过滤的瞬间会捕捉最为显著的特征进行感觉登记、贮存。最终，被登记的信息转化为"觉察"，从而形成了触觉与视觉的联动，触觉与视觉的整合体验形成视觉思维。艺术语言的习得要运用"螺旋回归"的学习特性进入视觉思维的训练，这是丰富儿童身心灵、发展潜能的非常重要的契机。

其次，视知觉理论提及，视知觉所捕捉的意象与媒材运用之间的密切关系。

"眼睛不是用来看的，而是用来感觉的。"人对事物的感知最直接的方式便是来源于视觉的观看，这种观看是一种直觉的、主动的整体把握，是与事物的情感交流。不同的工具在力度、速

[10] 李力加.走向多元的美术教学 [M].长沙：湖南美术出版社，2009.

度、控制上都各有不同，比如通过尝试用笔的虚实与力度变化来拓展对线的认识，自制的纸笔可以在控制墨量的同时画出枯笔效果，又能保留硬笔的特性表现过渡及虚化的细节，非常适合儿童在往水墨过渡时期使用。稳重而舒缓的线条能表达深沉的情感，假如线条的速度加快则不再精确，会更富有活力与动感，每一种材料能传达各自特性的心灵感受，视知觉能够捕捉传达的情绪。

再次，媒材多元的运用为儿童写生学习搭建了脚手架。

儿童遵循了经验主义的思维模式去认知外界，运用视觉、触觉进行观察和触摸，从现象积累出发到形成经验的逻辑梳理归类，得出客观正确的认知和概念。因此，儿童学习写生之初，需要回归到幼儿期涂鸦时游戏表征的原点，以减少造型为先的被动思维定式。将作画的工具与材料等媒材进行拓展，首先开发出一系列符合儿童的好奇心与游戏性的课程；其次在身体接触的过程中，在工具与纸张的碰撞中生发出全新的体验，形成丰富的美术语言元素，以此来搭建写生学习的支架；最后关联文化与语义，建立个人的绘画风格，形成意象性思维。

最后，《义务教育美术课程标准（2011年版）》课程总目标中明确指出："运用多种媒材、工具和手段，表达情感和思想，体验美术学习的兴趣，提高审美能力，逐步形成基本的美术素养。"媒材的选择应遵循美术课程性质：凸显视觉性，选择富有美感的媒材；具有实践性，选择方便易得的媒材；追求人文性，选择人文个性的媒材；强调愉悦性，选择新颖有趣的媒材。"工欲善其事，必先利其器"，媒材是传达绘画语言、获得绘画经验的必要条件，每一种材料都有不同的功能，多元的媒材能让课堂充满智慧、趣味、活力。

（三）以课程素养为终点

通过寻找《中国学生核心素养》第18点目标、美术课程标准和美术学科核心素养"五环"图三者间的关联，我们能隐约感觉到，单靠美术分支去达成第18点目标让人有种"瓶大盖小"的无力感。而且，在具体的教学中，我们无法说某个时段是某种素养的达成时段，因为综合素养的达成是一个整体。2001、2011年颁布的国家课程标准只有内容标准，内容标准就是知识点标准，"五环"提供了方向后，急需一线教师寻求一种达成路径。本书设想将学科素养转变为课程素养，提出跨学科整合课程概念，将综合素养达成所需的各学科知识技能及活动方式统领到写生课程内，只有这样才能体现综合性、实践性、应用性，而非单一的学科技能与技法的习得，特为其做如下设计。

目标建构：依据儿童认知发展、建构主义等现代教育理论以及国家课程标准。制定了"视觉感知——视觉表现——视觉表达"三段式写生目标体系。

内容开发：为了将层级目标渗透于教学活动中，课题组从地方文化、自然与社会文化、精神文化等渠道获得优质的课程资源，为感知、探索、情感三维度教学实践提供具体的课程内容资源，为目标的达成奠定了坚实的基础。

实施方略：提出课程实施的四种策略方法。课程内容的实施第一阶段主要是儿童视知觉感知维度的教学方略，侧重媒材的选择、识别和技法的了解，设计出了线的游戏、色彩肌理游戏、拼摆游戏以及观察类游戏的主题课程，旨从实践活动过程中形成最初的视觉思维；第二阶段，基于儿童视知觉表现维度的教学方略，侧重媒材的综合运用和语言的转换，运用多维视角在媒材转换中掌握词汇、探寻语法形式语言；第三阶段，基于儿童视知觉主观调控维度的教学方略，重在画面形式要素的把控与表现形式的预设；第四阶段，基于儿童视知觉表达维度的教学方略，开设自然感知、童年故事、故土详情和文化理解的系列课程，试图在文化与语义之间形成关联，最终获得独特的知觉体验与个性表达。具体学习方式为以问题为驱动的研究性学习，以文化情境为平台的浸入式学习，以项目主题为线索的跨学科学习，以单元整合设计为形式的深度学习。

评价反馈：根据各学段的教学目标运用合理的评价工具，对学习过程和结果进行判断和反馈。评价的落实将分为三个阶段，根据不同年龄儿童的身心发展的特点，结合相关的教学内容，根据各学段的学习目标制定行之有效的学业质量综合评价方案，强调综合性、实践性、应用性，而非简单地以"画得像不像"来评价。

第四章　体系：过程中探寻方略

第一节　基于儿童视知觉体验的写生目标建构

目标引领内容的设定，决定策略和评价的规划。"教育目标的具体化是课程标准，课程标准的具体化就是在教育现场确定的教学目标。"[1]若想使课程设计有明确的方向，教师必须思考视知觉体验的写生课程与学校课程目标的内在逻辑，解读各年段的目标来确定视知觉体验课程的写生目标，并设计与之相匹配的课时目标。

（一）以义务教育阶段美术课程标准为基础

美术课程标准根据义务教育阶段的美术学习分成四个学段：1—2年级为第一学段；3—4年级为第二学段；5—6年级为第三学段；7—9年级为第四学段。课程标准提出："观察、认识与理解线条、形状、色彩、空间、明暗、肌理等基本造型元素，运用对称、均衡、重复、节奏、对比、统一等形式进行造型活动。通过对各种美术媒材、技巧和制作过程的探索及实验，发展艺术感知能力和造型表现能力。"[2]

在知识与技能上，低段要求认识美术的造型元素，一般用纸以及容易找到的媒材，通过看看、画画、做做等方法，大胆、自由地表现和体验造型活动的乐趣；中段要求认识线条、形状、色彩与肌理等造型元素，学习使用各种工具，寻找与发现形式美感，唤起创造欲望；高段学会选择合适的工具、媒材，记录与表现所见、所闻、所感、所想，发展美术构思与创作能力，表达思想情感。

在过程与方法学习目标上，低段可以采用绘画、喷洒、涂

[1] 邵朝友.指向核心素养的逆向课程设计 [M].上海：华东师范大学出版社，2017.

[2] 中华人民共和国教育部.义务教育美术课程标准（2011版） [M].北京：北京师范大学出版社，2012.

抹、捏塑、拼摆等游戏的方式自由地去发现和表现。中段可使用各种工具，具体到纸工的折叠、剪、刻、挖，泥塑的捏、团、按、塑、切、挖等方式。绘画一般涉及水性颜料、铅笔、彩笔、水笔或毛笔、墨和宣纸等工具的使用。

在情感目标的达成方面上，低段通过媒材与工具的尝试体验造型活动的乐趣，养成良好的整理习惯和学习习惯；中段用丰富视觉和触觉的审美经验，形成敏锐的观察眼光、学习评价，培养丰富的想象力，形成对学习的持久兴趣；高段发展构思与创作能力，表达思想与感情，最终形成基本的美术素养。

课标的四学段、三维度的目标框架设计为本研究提供了基础框架蓝本。

（二）以视知觉体验为目标制定依据

《中国学生发展核心素养》，以培养"全面发展的人"为核心，分为文化基础、自主发展、社会参与三个方面，综合表现为人文底蕴、科学精神、学会学习、健康生活、责任担当、实践创新六大素养。教育部在《普通高中美术课程标准（2017年版）》提出美术学科的五大核心素养，包括"图像识读""美术表现""审美判断""创意实践"和"文化理解"。美术教育专家尹少淳提出，"图像识读"和"美术表现"根植于视觉形象，它是美术学科素养的生发之源。个体所具备独特的视觉感知决定了图像识读的方向及创意表现的手段，最终达成审美判断、文化理解。因此，感知能力的培养决定了个体生命的未来，本书将把视知觉切入与核心素养目标进行融合，明确感知养成、形式探索、个人风格研习三个阶段的学习目标。

感知养成阶段：以视觉、听觉、触觉等知觉体验介入具有美术经验、生活经验及视觉经验的场景，生发运用线条、形状、色彩造型表现的动机，以初步建立视觉感知为目的。

形式探索阶段：深化视知觉体验，结合内心需要对线条、形状、色彩与肌理、空间构成等语言进行自主性的提炼，形成个人偏好，并以此描绘身边的事物及表达感情，以探寻个性化形式语言为目的。

风格研习阶段：从知觉体验入手，从多方面、多角度的感知引发联想，产生丰富的内在意象，运用造型元素与形式原理创造新的美术形态语言，以形成意象性思维模式为目的。

（三）"感知—表现—表达"三段式目标体系

综上所述，从三维目标体系中借鉴结果性目标（知识技能）与过程性目标（能力发展）出发；结合核心素养五环中视觉感知的生发点，设计了目标层级体系，具体见图4-1。

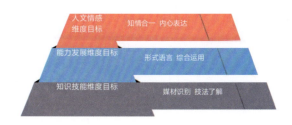

图4-1
基于儿童视知觉体验的写生课程目标层级示意图

有了维度上的目标细化，图4-1根据课程学段目标要求的，形成了感知（1—2年级）、表现（3—4年级）、表达（5—6年级）三个梯度目标。

知识与能力目标方向：第一学段，适当调整现行教材内容，并根据儿童心理与生理发展规律设计写生内容，熟悉媒材的习性，运用点、线、面元素尝表现物象的软硬、粗细、轻重及黑白灰关系。在第二学段，巩固低段学习成果，发现并使用视知觉语言描述对象，尝试用视觉图式对画面进行适当的强调。有意识地丰富画面构成要素，尝试运用个人的线性风格对物象进行完整的描述。第三学段中，将视觉感受与物象形成"共情"，尝试用笔触表现物象的质地与肌理，大胆取舍，准确梳理线条的主次与空间关系，形成个人风格。

人文情感目标方面：情感体验和良好的价值观在探索的过程中得以感受和形成。为此，第一学段目标，在于自觉地进入学习状态、积极探索、收获学习的快乐，保护儿童的主动性、兴趣，养成优秀的学习习惯、良好的卫生习惯和坚强的意志品质；第二学段：通过前一个阶段的学习，形成敏锐的观察眼光，懂得评价他人的作品时保持求同存异的态度。第三学段：尝试将视觉感受与物象形成"共情"，以发展并形成个人价值观。具体见表4-1。

基于儿童视知觉体验的写生课程学段目标设定

年段设置	年段目标	维度细化目标	
第一学段 感知	结合美术、生活及视觉经验，用线条、形状、色彩等造型要素，初步建立起基于视觉、听觉、触觉的视知觉感知。	知识技能	尝试不同工具，用纸以及容易找到的各种媒材体验造型的乐趣。
		能力发展	通过看、画、做等方法自由地去发现和表现。
		人文情感	表现所见、所闻、所感、所想，体验活动的乐趣。
第二学段 表现	改善观看的感知体验，根据心理知觉对线条、形状、色彩与肌理等进行自主提炼，逐渐形成个人的绘画语言。	知识技能	初步认识线、形、色与肌理等造型元素。
		能力发展	使用各种工具，采用观察、绘画、制作等方法。
		人文情感	激发丰富的想象，唤起创造表现欲望。
第三学段 表达	深化多维度视知觉体验，丰富物象内在意象。创造基于个人风格的形态语言，形成意象性思维。	知识技能	能运用线、形、色、肌理和空间等造型元素。
		能力发展	综合运用合适的工具、媒材，进行记录与表现。
		人文情感	丰富和提高美术构思与创作能力，表达思想情感。

表4-1
基于儿童视知觉体验的写生课程学段目标设定

第二节　基于儿童视知觉体验的写生内容建构

部分教师因经验不足，在静物选择上过于随意，顺手拿到什么就画什么，忽视了所选静物会给儿童带来什么体验，是否适合表现等因素。比如，为初学者设置静物要考虑"线感"，避免

"光溜溜"，所谓"线感"就是表面上有线条纹理或者因结构复杂而形成的具有疏密交错、黑白变化的线条。基于视知觉体验的写生依托于线条、形状等元素，事先必须要预设有"线"可"寻"的静物。在此前提下，基于视知觉感受性的比较和分析才能逐步展开。

本节从"哪些可以画"和"先画什么，后画什么"两个方面来陈述多维度的写生内容开发及媒材分段式编排策略。

（一）多维度的内容开发策略

1. 各资源的整合利用策略

随着教育的改革和信息技术的发展，学校美术课程在多元智能理论的指导下，摆脱了理性范式的束缚，走向开放、综合，进行多种学科的交叉和跨学科课程资源的整合。它有利于儿童综合能力的提高，有利于课程资源的建设，有利于教师的专业发展。因此，基于儿童知觉体验的教学实践要整合多元化的课程资源，促进学科间的交流和融合，呈现出开放、包容与扩展的面貌和广阔的创造空间。

（1）地方文化资源

台北师范大学吴明清教授说："乡土是以自我为圆心，以情感为半径，画一片有家有生活的土地；生活中有人有事，土地上有景有物，交织成绵延不绝的历史和文化。"这种具有潜在价值的课程，包括地方文化习俗、人文风情、生活百态、生产历史、地理等真实的社会环境，将成为具有人文意义的儿童写生内容开发资源。

例如，婺州是宋版古籍刻印的重要基地。苏溪蒋宅的"崇知斋"是宋代书籍印刷的老字号。北京国家图书馆收藏的汉郑玄注《礼记》五卷，是流传于今的宋版《礼记注》之一，书后镌有"婺州义乌苏溪蒋宅崇知斋刻本"长方双栏版记，此书之刻印出于婺州义乌苏溪崇知斋蒋氏之手。义乌市苏溪镇第二小学美术组依托地域人文资源之优势，因地制宜、就地取材，结合富有乡村气息的土瓦开设了"崇知斋·溪弦瓦韵"课程，在瓦片上用刻凿

的方法描画家乡的景、物、人。（图4-2）

图4-2
"崇知斋·溪弘瓦韵"学生创作与作品展示

又如因商埠而昌盛的江南古镇——佛堂，享有"千年古镇、清风商埠、佛教圣地"的美誉。坐落在古镇佛堂中心区域的佛堂小学利用本地特色古镇资源，开发"乌伤丝路·水韵佛堂"课程（图4-3），让儿童徜徉其间，感受岁月时光在悠悠老街上漫不经心的刻痕，在跨越时空的交错中捕捉景物与人的精彩与美好。这些作品传达的是信仰精神，是一种文化的认同，具有超越绘画的现实意义。

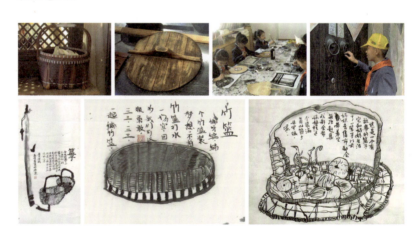

图4-3
"乌伤丝路·水韵佛堂"学生寻访与作品展示

（2）自然与社会文化资源

自然环境为学校课程提供了丰富的天然资源。自然资源类的课程可以采用"感受、体验、经验"学习模式开展。如义乌绣湖小学美术组，带领儿童欣赏自然山水，并开展了基于小景的水墨写生课程，从而激发儿童热爱自然、热爱家乡的情感。（图4-4）

图4-4
"水墨绣八景"学生寻访
与作品展示

社会文化资源类课程可以采用探究学习模式开展。比如义乌市尚经小学，利用当地义乌小商品的资源，从旅游鞋切入，让孩子从不同的视角观察，探究视觉语言的符号化，鼓励摆脱写实束缚，形成新的语言风格。（图4-5）

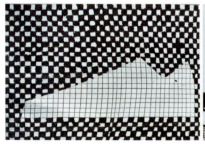

图4-5
《旅游鞋》学生作品

生态保护主题课程可以采用跨学科学习模式展开，比如义乌市福田小学在关注社区环境，倡导鸟类保护的"归来"主题活动中，结合儿童生活经验唤起丰富的视觉图像记忆，以危机唤起儿童关注生命、关注社会问题、保护生态的意识，并用自然物拓印及装置陈列的方式表现鸟儿的归来。整个过程中，儿童深度理解生态与人类命运的关系，重塑人与环境的和谐以及共生共荣的生活理念，具体见图4-6所示。

图4-6
"归来"鸟类保护主题学生作品展示

（3）校内外课程资源

教育部印发的《基础教育课程改革纲要（试行）》中指出："积极开发并合理利用校内外各种课程资源。学校应充分发挥图书馆、实验室、专用教室及各类教学设施和实践基地的作用；广泛利用校外的图书馆、展览馆、科技馆、工厂、农村、部队和科研院所等各种社会资源以及自然资源；积极利用及开发信息化课程资源。"[3] 因此，应引导儿童在课堂内外利用网络访问当地博物馆、美术馆，检索美术资料、欣赏美术作品和文献资料。通过网络互相交流、展示作品和成果，以丰富的美术活动来带动校内外资源的整合。这类美术活动可以以项目式学习来驱动，从而将师资资源、设备资源、场地资源等教学资源进行整合。

[3] 钟启泉，崔允漷，张华.为了中华民族的复兴，为了每位学生的发展：《基础教育课程改革纲要（试行）》解读［M］.上海：华东师范大学出版社，2001.

2. 视知觉维度的开发策略

儿童通过科学知识了解世界、以视知觉认识生活，从而产生了一种看待世界的方法。视知觉不只是肉眼所见事物的表面特征，还包括了事物背后的本质。"美术课程具有人文性质，以对视觉形象的感知、理解和创造为特征。"[4]以视觉感知促进思维发展，把事物本身由沉默引向表达，视觉感知与学科要素共融，想象力有视觉思维可依，儿童的心理逻辑和学科逻辑才可能产生交互。

视知觉体验的开发要从视知觉感知、视知觉探索、视知觉情感三个维度开展。其中视觉感知是依托各类媒材设计成符合儿童的好奇心与游戏性的课程，儿童能从中体会美术语言的丰富性；视知觉探索是指将游戏经验与生活经验相整合，使视觉与触觉的联动成为绘画语言的再生点，开发课程内容；视知觉情感维度指向美术形式语言与观察者情感、情绪之间高度的关联，让儿童学会进行创作表达。

（1）视知觉感知介入阶段

写生的课堂应"嵌入"儿童的生活经验。当儿童面对物象时已经存在的原有视觉图式的积累与独特的理解，是原有的视觉经验。写生教学就要解决"把个人经验变成视觉经验"[5]的过程。儿童遵循经验主义的思维模式认知外界，运用视觉、触觉进行观察和触摸，从现象积累出发形成经验的逻辑梳理归类，得出客观正确的认知和概念。因此在儿童刚接触写生时应降低"门槛"，不要人为形成儿童画、写生两个教学体系，而应以视知觉感知统领并模糊两者界限。将作画的工具与材料等媒材进行拓展，充分感受媒材在碰撞中生发的全新的体验，形成丰富的美术语言元素，从而设计出符合儿童的好奇心与游戏性的课程。

《义务教育美术课程标准（2011版）》对于第一学段（1—2年级）在"造型·表现"学习领域提出："尝试不同工具，用纸以及容易找到的各种媒材，通过看看、画画、做做等方法大胆、自由地表现所见所闻、所感所想，体验造型活动的乐趣。"[6]部分媒材

[4] 莫里斯·梅洛-庞蒂.可见的与不可见的[M].罗国祥，译.北京：商务印书馆，2008.

[5] 罗恩菲德.创造与心智的成长[M].王德育，译.浙江人民美术出版社，2019.

[6] 中华人民共和国教育部.义务教育美术课程标准（2011版）[M].北京：北京师范大学出版社，2012.

图4-7
纸笔创作
《猫头鹰》

图4-8
纸片创作
《胡杨林》

图4-9
软笔创作
《白桦林》

图4-10
竹笔创作
《古城堡》

图4-11
抹布创作
《残荷》

图4-12
海绵创作
《老人像》

工具见图4-7至图4-12。

视知觉感知介入阶段的内容开发以新课程标准为依据，在具体的教学中分别以技法、媒材、风格以及感知方式、活动组织为主线，进行综合性媒材感知尝试。比如，以想象或创想为驱动，利用水彩、吸管、海绵、水墨、树枝、木棒、牙刷等工具，进行吹洒、拼贴、添加、搭建等活动，初步认识和发现点、线、形、色、肌理等美术元素，为写生创作开启游戏主题课内容。具体见表4-2。

游戏主题课与学习目标的建构标准

模块	建构标准	游戏主题方向		学习目标
视知觉感知介入	尝试各种工具、材料，感受游戏的乐趣和视觉的审美经验。	线的游戏	线的散步	结合美术、生活及视觉经验，用线条、形状、色彩等造型要素，初步建立起基于视觉、听觉、触觉的视知觉感知。
			线的缠绕	
			笔走龙蛇	
			彩绳环绕	
			草编绳子	
			粗细回旋	
		色彩肌理游戏	油色分离	
			吸管吹水	
			揉搓拓印	
			海绵蘸染	
			色彩碰碰	
			折纸浸染	
		搭建拼摆游戏	木棒搭建	
			积木搭建	
			七巧板拼摆	
			火柴棒拼摆	
			凳子拼摆	
			豆豆拼摆	
		观察类游戏	鲜艳的花	
			春天的树叶	
			我们的足迹	
			熟悉的人	

表4-2
游戏主题课与学习目标的建构标准

阿恩海姆说，积极探索需要经过不断估计、证实、修改、补充、纠正以加深理解。视知觉感知介入的教学过程正是在各类媒材尝试的基础上，寻找与总结视觉、触觉相联动的心理经验。媒材的尝试过程就是不断加深视知觉理解的过程，为下一阶段语汇的探究奠定了基础。

（2）视知觉语汇探究阶段

视觉语言是作品不可或缺的要素，在创作中起着至关重要的作用。视觉语言因体验而来、因感受而来，充分而深刻的体验与感受让内心世界更加丰富。正是由于每个人心理经验各异，才会产生各种不同风格的作品。

《义务教育美术课程标准（2011版）》对于第二学段（3—4年级）在"造型·表现"领域提出的要求是："初步认识线条、形状、色彩与肌理等造型元素，学习使用各种工具，体验不同媒材的效果，通过观察、绘画、制作等方法表现所见所闻、所感所想，激发丰富的想象，唤起创造的欲望。"[7]其中提及的造型元素是基本语言符号系统，其形式美感规律就是语法结构。

[7]中华人民共和国教育部.义务教育美术课程标准（2011版）[M].北京：北京师范大学出版社，2012.

视知觉语汇探究阶段以课程标准提出的学习建议为依据，从造型元素和形式原理入手设计了线条的组织、控制、节奏、韵律等方面的写生内容，从材质、肌理、块面三方面入手建构了与媒材、内容相关的主题性单元课程，具体见表4-3。

语汇主题课与学习目标的建构标准

模块	建构标准	主题内容方向		学习目标
知觉与语法的探究	以技入道，巩固游戏课程学习成果，对语汇、语言进行自主提炼，有意识地渗透画面构成要素。运用视知觉语言匹配写生对象。	线条的组织	线的排列——竹笔	改善观看的感知体验，根据心理知觉对线条、形状、色彩与肌理等进行自主提炼，逐渐形成个人的绘画语言。
			线的重复——牙刷	
			线的环绕——综合	
		线的控制	线的弹性——软笔	
			线的轻重——炭笔	
			线的综合——海绵	

续表

模块	建构标准	主题内容方向		学习目标
知觉与语法的探究	以技入道，巩固游戏课程学习成果，对语汇、语言进行自主提炼，有意识地渗透画面构成要素。运用视知觉语言匹配写生对象。	线的节奏	线的游走——彩墨	改善观看的感知体验，根据心理知觉对线条、形状、色彩与肌理等进行自主提炼，逐渐形成个人的绘画语言。
			线的重复——纸笔	
			线的规律——水笔	
		线的肌理	线的质感——炭笔	
			线的纹理——抹布	
			线的材质——绳子	
		块面的组织	纸材拼贴	
			综合材料的拼接	
			色彩的绘画	
		材质与肌理	蘸拉——绳子	
			混合——湿拓画	
			拓印——油墨	
		块面对比	墨色——水墨	
			拼接——黏土	
			色块——布贴	

表4-3
语汇主题课与学习目标的建构标准

（3）视知觉情感融入阶段

　　艺术家在观察外部世界时，重点不在于他看到了什么，而是他想看到什么，或者他希望通过所看到的东西来表达他当时的心境感受。当艺术家经历一生坎坷后，再见自然界一块被侵蚀的石头，其表面的坑洼就会与他人生坎坷叠合。此时，他笔下的山石自然多了些许不同的气质。本模块，将引领儿童以一种生命的共情代入情境内容，运用形式语言和法则体现其心境。儿童的所见所思所悟，不仅仅是对客观事物的接收，还有主观情感的介入，这是一个外部与内部世界交织的过程。

　　如运用水墨的形式进行古宅的写生表现时，首先需要带领儿童"亲密"接触家乡具有历史悠久的古宅，观察建筑样式，了解曾经发生的故事。通过实地寻访和对文献资料的了解，达成感情的认同，然后将这种认同融入自主的建筑局部取景过程中。这时，儿童聚焦的建筑局部不仅仅是个构件，更是一种文化的理解，是对先民文化追求和精神守望的认同，是建立文化知觉体验场之后的水墨语言，用以传达对古人造物情感的认同和共鸣，具体见表4-4。

人文主题课与学习目标的建构标准

模块	建构标准	主题内容方向		学习目标
视知觉情感的融入	以文载道。学习艺术家独特的理解与创造精神，结合自身的生活经验与认知发展实践能力，形成基本的美术素养	自然感知	植物花卉篇	深化多维度视知觉体验，丰富物象的内在意象。创造基于个人风格的形态语言，形成意象性思维。
			四季轮回篇	
			二十四节气篇	
			自然美景篇	
		童年故事	人与人的故事	
			人与物的故事	
			人与自然的故事	
		故土乡情	家乡的美食	
			家乡的服饰	
			家乡的年节	
			家乡的建筑、名胜	
		文化理解	生活百态	
			民间手艺	
			红色文化传承	

表4-4
人文主题课与学习目标的
建构标准

3. 美术形式语言创设策略

写生不是对物象的"机械"再现，基于主观的美术形式重构才是撑起画面形式美的主因。所以应立足于形式语言，从写生静物的选择、静物的组织与创设、静物构图创设、视觉形式的组织四个方面进行写生内容的开发。

静物的选择指的是预设有"线"可"寻"的静物，便于儿童进行视觉比较、分析；静物的组织与创设是指对静物进行组织上的处理，重在静物的摆放所呈现的构图，赋予画面以秩序感；视觉组织是寻求媒材与静物之间的情感交流并做出主观形式重构，是一个直觉的、主动的独特感受与审美体验再造的过程。

（1）写生静物选择

要点1：从复杂到简单

"不同的年龄阶段需要设置不同'线感'的课程，总体来说儿童写生要遵循先'复杂'再'简单'的原则。'复杂'指的是线条呈现的丰富性，'简单'是指线条虽少但外形把握要求高的物体。"[8]低年段的儿童需要选择看似"复杂"的物体，比如竹篮、切开的包菜、鸡冠花、毛衣等，有利于观察分析中主观意识的介入与形式的个性解读，具体见图4-13。

[8] 吴立文. 唤起与表达：基于儿童视知觉体验的线性写生 [M]. 武汉：湖北美术出版社，2017.

图4-13
具有线感的生活用品、植物及蔬菜

要点2：人为处理形式

"积极的选择是视觉的一种基本特征。"[9]想让儿童发现物象的形式规律，教师就要对静物进行合理的处理或适当的改造，增强造型的形式美感，从而吸引儿童深入观察和分析。目的是为日后，儿童无须教师的预设，也能主观处理静物构图，达成画面形式构成上的均衡感。

[9] 鲁道夫·阿恩海姆. 视觉思维：审美直觉心理学 [M]. 藤守尧，译. 四川人民出版社，1998.

图4-14
经过处理或有意选择的写生物象

编者将以洋葱为例，谈谈如何进行静物的创设。菜场购入的洋葱外形为椭圆球形，造型单一乏味。将洋葱外表剥去几层，再放置在潮湿阴凉的地方等待它长根出叶，这时洋葱球茎上则有残叶、根须，儿童表现时容易捕捉到发达的根系之间的疏密变化，有利于整体黑白关系的把握。

　　风干处理的静物还有大蒜，完整的大蒜由蒜瓣、蒜须、蒜薹、蒜叶组成。当大蒜成束被储存时水分减少，表皮层层剥落，显得丰富耐看。剥开壳的毛笋笋壳断裂面则会形成很多起伏的"线"，根部则有凹凸不平的疙瘩。面对这些人为处理后的静物，进行写生时需要着重观察线条走向、点的排列与疏密变化，并进行一定的取舍，将其关键特征提炼出来，着重表现，具体见图4-14所示。

　　要点3：观察视角转化

　　对同类型静物，长时间重复练习并不符合儿童认知规律，他们会对写生丧失学习兴趣。教师应引导儿童寻找新视角发现不一样的美，才能保持儿童旺盛的兴趣。实施观察视角转化的教学内容设计后，儿童写生兴趣逐渐由浅向深发展，能对事物发展的原因、结果和事物间的内在联系保持持久的兴趣和求知欲。

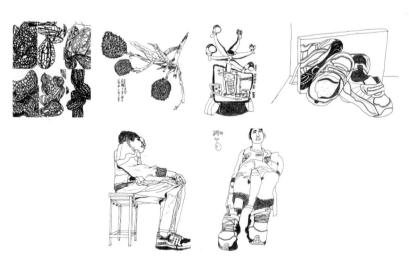

图4-15
不同视角切入的写生作品

　　一些平时经常写生的静物，如荔枝、花生、毛豆等，如果从微视角入手，将会有新发现。将花生表皮局部放大观察，会发现其纹理排列得丰富且有规律；平时我们习惯写生平视的椅子，如果把直立的椅子翻倒，结构就变得相对复杂，会发现椅脚和坐垫之间人新的空间关系，不锈钢构件和塑料质地之间有新的黑白灰关系。进行视角转换有利于空间和结构的训练；又如仰视的人物写生，让儿童尝试从脚部开始落笔，逐渐往上画，最后画到头部，这对近大远小的感受更直观，具体见图4-15所示。

要点4：从自然到人工

世上没有完全相同的两片叶子，低龄段儿童对形体的把握能力较弱，而自然界中的物品因其造型的唯一性，可减少形准方面的挫败感，故低段多选蔬果植物为写生内容。对于中段儿童来说，可以考虑从自然静物过渡到工业机械类产品，从造型的疏密、节奏、韵律等要素转移到形体的准确性以及空间感方面。

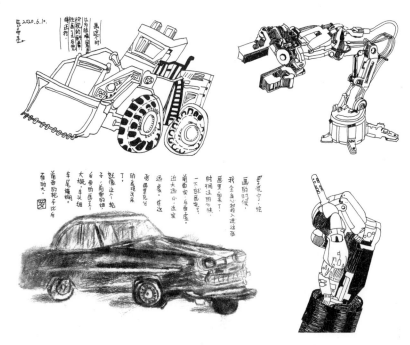

图4-16
指向形体与空间表现的工业机械类学生作品

图4-16所示作品是儿童对汽车、挖掘机等工业机械类产品的写生。其作品反映了高段儿童随着数学和科学等方面知识的增长以及身心发育，开始建立了空间概念，表现出近大远小的透视变化。儿童用木炭条表现出轿车的空间虚实，画近处用笔力度大而

显得实，画远处用笔轻相对来说显得虚，通过虚实浓淡的用笔表现自己对空间经验的理解。

（2）写生静物组织

要点1：从单一到组合

建议从单一静物的写生入手，让儿童感知到整体和局部关系后再进入组合写生。静物还可以进行人为的创设。比如，若主体物具有密集的线型，那么就可以搭配相对疏松的陪衬物。如果主体物比较简洁那么就搭配相对繁复的衬布陪衬，以突显疏密对比和节奏韵律。其次，静物的组合要考虑儿童的兴趣，在相同训练目标过程中需要用不同的实物进行替换，让儿童时刻感觉到"每天都在画不一样的物品"来保持新鲜度，从而达到感知的目的。

主宾式搭配组合体现空间关系。比如图4-17《一组静物》，静物被摆放在米褐色的衬布上，作者以俯视视角写生。勺子和油壶的表面光滑，陶制托盘中搭配了一堆"线感"丰富的大蒜、红辣椒和青葱，摆放疏密有致，前后层次关系丰富。又如图4-18《房间的一角》中，写生射灯被电视机和果盘遮挡，电视机上放着茶罐，左边的果盘又被衬布遮挡，形成了前后、高低层次感。

搭配组合形成对比关系。比如图4-19《一把藤椅》，以藤椅为主题，搭配康乃馨及花瓶，把花瓶摆放在条纹布上，藤条编织复杂的线与布纹流畅的线形成对比，其内在情调是相融的，显得抒情、优雅、合情合理。

集成式搭配组合体现出聚散和遮挡关系。比如图4-20《一把糖果》，大小相似且数量较多的物品摆放时，就需要对糖果进行数量上的疏密和角度遮挡的摆放设计，从而形成画面的均衡与变化。

图4-17　一组静物
图4-18　房间一角
图4-19　一把藤椅
图4-20　一把糖果

要点2：多样性与统一

静物的摆放应具有多样性与统一性，即道具的选择看似多样，却存在内在的关联。比如，对儿童和成人来说滑板都是一项有吸引力的运动项目。一双旧的滑板鞋象征着青春所付出的汗水。滑板搭配蜡笔和耳机、柠檬，它所代表的青春就像柠檬，酸中有甜让人记忆犹新。又如一组静物选择了常见的学习用品。狮子玩偶、玩具和灯罩组合成了这组静物中的大件物品。削笔刀、杂志、剪刀、修正液等散落着的小物件与主题统一匹配，具体见图4-21所示。

图4-21
写生物象摆放的统一性与
多样性

（3）静物构图创设

构图来源于人们在自然界中生产经验和生活经验的应用，是人类美学潜能的积累，《辞海》中关于构图的定义是"艺术家为了表现作品的主题思想和美感效果，在一定的空间，安排和处理人、物的位置关系，把个别或局部的形象组成一个完整的视觉样式。"从几万年前人类祖先绘制的洞窟壁画中就可以看出，那疏密有致的排列、大小有别的变化，已很符合"构图"的美感规律。中国原始社会和新石器时代的陶器上的图案，也显示出一种"构图"的美感。

阿恩海姆提出每个视觉式样都是一种"力的式样"，视觉式样间的组合就是"力"与"力"发现与平衡的过程。儿童需要在长期的练习中获得视知觉样式的认知。本章节将列举几种静物构图样式，具体有：均衡式、水平式、曲线型、对角式、X型、T型骨架、三角形构图、曲线式、局部构图、平行线构图样式，具体见表4-5所示。

视知觉构成样式与形式审美感受的描述（列举）

构成样式	形式美感特征
均衡式	选择物体的侧面与正面遮挡摆放，形成画面空间感。在稳定、平静的形态中获得动势。
T型骨架	T型骨架向着L型、十字型变化，有左右、向上延伸之势，有遮挡有主次。
曲线式	S型、C型构图变化丰富、活跃、饱满，富有韵律，常用于竖构图。C型构图要合理安排物体的位置，避免物体失衡。
三角形构图	稳定的三角形结构，具有安定、均衡、沉稳的视觉感受。
局部构图	对局部结构进行起承转合描绘，使画面更具有视觉冲击力。

表4-5
视知觉构成样式与形式审美感受的描述（列举）

　　水平构图是以水平线为基本格式的画面形式，较多地强调横向动势方向，在视觉上形成一种平静和具有宽慰感的构图形式。通常用来表现深远宽阔、宁静平和的景物气氛，如田野、大海、草原等。如美国画家彼德G·霍尔布鲁克的作品《哈里斯湾的黄昏》，在平缓恬静中取得动势，给人一种无限广阔的联想。图4-23的版画作品中，酒瓶器皿一字排开，平稳中有高低、大小错落的动势。

图4-22
哈里斯湾的黄昏
图4-23
整齐划一的酒瓶

　　T型构图即画面所呈现的骨架为T型，这是西方绘画的经典构图形式，同时也是相对稳定的主题居中的构图形式。如果对其做适当变化就会产生L型构图、十字构图等稳定的构图形式。这种构图给人以稳定、深远、向前的感觉。下列作品中，以一个躺倒的书包为横向，呈左右延伸的趋势。另一个站立的水杯为纵向，呈现向上延伸的趋势，同时书包处于画面的下方，水杯处于画面中心偏右，书包为横，水杯为竖，刚好呈现出一个倒"T"字形。萨克斯的竖立与箱子的横向摆放也呈现出T型构图，具体见图4-24所示。

 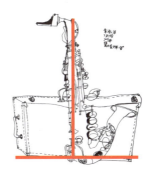

图4-24
T型构图样式

曲线型构图包含了S型、C型等构图。这是绘画构图过程中变化最丰富、活跃，也是最为复杂的构图。如下图作品所示，C型构图使画面饱满而有韵律，在竖构图的画面中会经常用到。构图的时候要合理安排物体的位置，既不能太满又不能让画面失衡。在S型构图中，画面的优美感得到了充分的发挥。画面起点和终点形成S型，各部分的章法布局、伸缩变化在视觉上有一种强烈的动感。

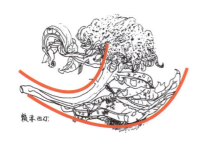 

图4-25
曲线型构图样式

X型构图即画面所呈现的骨架为X型，如图4-26作品所示，线条、影调按X型布局，会使画面视线集中，空间深远，透视感强烈，同时有利于把视线由四周引向中心，或者让景物具有从中心向四周逐渐放大的特点。

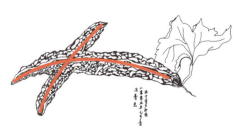

图4-26
X型构图

　　对角线构图是把主体安排在对角线上，达到突出主体的效果，用富于变化、生动的线条使画面主次分明，结构平衡、舒适。在对角线构图的画面中，线所形成的对角关系使画面产生了极强的形式感，对画面起到很好的支撑作用，具体见图4-27所示。

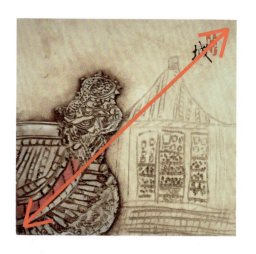

图4-27
对角线构图在建筑写生中
的运用

　　局部构图是对物体的局部进行细致的描绘，突出物体的特点，会使画面更具有视觉冲击力。图4-28的两幅儿童线描作品描述的都是一样的物件——笔袋，但是对笔袋的不同位置进行描绘。左图描绘的是笔袋左边部位并放大笔袋拉链；右图描绘的是打开的笔袋的内部。表现部位虽不同，但表现手法一致，为了不使画面单调，两位作者在采用局部构图的时候都在主物体旁或上方加一小物件，使得画面更加饱满，同时体现了主次关系，具体见图4-28所示。

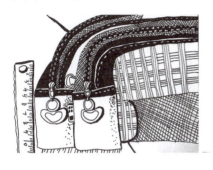 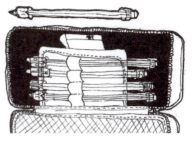

图4-28
局部构图在笔袋写生中的
运用

　　将一定数量的物体重复散布在画面上的构图法叫作分散构
图。看似物体散乱，但是存在一定的规律。虽然物体繁多，但是
也有疏有密。此外，还可以通过散点分布的物体与简洁背景之间
的繁简对比，进一步增强画面的张力。但是这种构图要求表现的
事物要有变化，吸引人去品味，否则会像一盘散沙，没有重点。
具体见图4-29所示。

图4-29
分散构图在风景写生中的
运用

　　平行线构图是指画面线段之间互相平行的布局，平行线构图
大多用在对称图形、房屋结构等方面。这类画的特点在于规整与
元素重复，营造出特别的韵味。画面中的平行线主要是以物与物
的平行来呈现的。如图4-30中的人物、树木、花草呈垂直状，但
都有变化，不显贫乏，反而呈现出欣欣向荣的一种状态。

图4-30
平行线构图在风景写生中
的运用

　　构成是艺术创作和艺术设计的形式核心，是感性向理性的升华，是理性对感性的把握。鲁道夫·阿恩海姆在《艺术与视知觉》中提到："整体不能通过各部分相加的和来达到"，因此必须通过对已选择的造型要素进行有机的、本质的重构。在静物构图创设方面，应强调引导儿童关注物象形态之间的组合关系，追求新的视觉可能性。

　　（4）视觉组织

　　视觉组织指的是主观性构图，目的是养成均衡画面的处理能力。在具体教学内容开发上，包含两个层面的意思：一是教师在儿童面前将物象自由摆放，学生根据高低、疏密及前后关系的要求，经过思考与分析形成合理的组合后，开始创作表现；二是在作画的过程中，如果出现将物象画得太小或布局上有偏差的情况，可根据画面需要，任意添加和移动、改变物象大小。

　　为了更好地让学生明白高低、前后、疏密、大小的形式构成规律，我们设计了一些关于瓶子的摆放练习，具体见图4-31所示。该练习让学生构思抽象的摆放形式要素，将面前的瓶子在画面上进行自主摆放表现。在学习过程中，学生饶有兴趣地进行组合，在游戏的氛围中轻松解决抽象枯燥的问题。

图4-31
主观构图在儿童写生中的运用

（二）媒材分段式内容编排策略

1. 美术课程内容编排原则

儿童写生课程内容的编排需要充分考虑教学对象、教学方法等因素，基本原则如下：

（1）发展性原则

以儿童发展为本，关注全体儿童的学情和需要，确立能够达成的学习目标，根据阶段性的学习循序渐进地渗透知识与技能、过程与方法、情感与态度、价值观。

（2）综合性原则

有机整合各类学习资源，既有室内写生，又有户外写生；既有绘画类，又有雕刻、工艺等类型；既有本学科领域，又有其他学科。对教师资源、教材因素进行整合，致力于营造适合儿童个体生命成长的、优美的、充满生命活力的美育环境，使学校、家庭、社会形成整体协调的系统，发挥综合优势。

（3）生活化原则

写生教学与儿童生活密切相关，倡导"调动视知觉捕捉生活"的教学理念。用思维感知生活中的物象与事件，真正体验到视知觉训练后的眼光的独到性，身边的万事万物都具有存在的价值，绘画赋予其存在的意义。

（4）自主性原则

儿童是学习的主动建构者，为了达成教学目标，鼓励儿童通过媒材的实践、感知、创作去理解某个学习难题。应提出一些引导的问题来帮助儿童主动建构知识框架，同时营造相关的文化场景以促进儿童积极的情感注入。

（5）合作化原则

课程是以循序渐进、相互依存的多个模块组合而成，并以个人写生与组内合作的形式进行。教学需要引导儿童学会合作、共同探究、体验愉悦与成就感。在儿童平等参与、师生平等对话、和谐互动的基础上，达成共识、共享、共进。

（6）多元化原则

养成跨文化学习的意识，接纳和包容文化的差异性，从文化理解的角度获得"视觉思维"。

2. 以媒材为内容编排依据

媒材是造型语言的物质载体，是实现与物象对话、作品思考的重要条件。写生课程内容的开发离不开媒材工具和技法支撑，开发与编排不是单一的从"画什么""怎么画"的维度去考虑，如果把这一系列的思考放大到整个写生内容的编排中，立足媒材的写生教学内容可以编排为三大递进版块，如表4-6即通过媒材的选择，有意识地在游戏中寻求适切性；尝试在技法匹配的过程中体会语言与形式美；最终诠释意义，关联语义进行情感表达。具体以"冬天的树林"一课加以阐释。

表4-6
教学内容板块递进关系

（1）媒材的选择——目标与内容

媒材的选择具有适切性。能够表现冬天树林的材料很多，可以选择针管笔、签字笔、油画棒、毛笔、铅笔，但不同的媒材所呈现的视觉效果是不一样的，这就需要在工具和学习目标、主题表现之间寻求一种最切合的载体。在表现冬天的树林中，儿童在进行了各种尝试后最终确定了木炭条这种画材，利用虚实线条、黑白组织、构图布局等要素来表现冬日里树木的形态特点及空间关系。因为木炭条的色调特性与冬天树林里的朦胧感是相吻合的，运笔时的力度变化所产生的各种虚实浓淡和粗细变化让主旨表达更具感染力。木炭条不仅是"冬天的树林"一课顺利开展的物质基础，而且还是教学目标和学习内容达成的手段，学生作品见图4-32。

图4-32
运用木炭条表现树林的学生作品

（2）技法的匹配——虚实与力度

不同质地的媒材潜藏着不同的形式语言。不是选择了媒材，就一定能达成表现的主旨意境，还需要发现媒材的特性，探寻适合的表现技法。"冬天的树林"一课尝试将新画材的偶然性肌理通过趣味性教学语言进行展示，引导儿童探究用笔的虚实、力度与形式语言之间的关联：木炭条具有松软的质地，用笔轻显得柔和细腻，力道重则会显得粗犷。在远近空间表现上，通过欣赏和辨析，总结技巧：用笔力道轻，营造出远景轻盈松灵的意趣；用笔力道重则产生实在的体量感。将虚实、巧拙、刚柔、粗细、曲直通过"躺、立、斜"的用笔表现出来，示范步骤见图4-33。

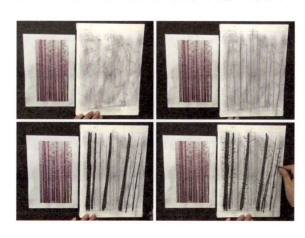

图4-33
教师用木炭条表现树林的示范步骤

（3）意义的诠释——表达与语义

立象以尽意，意以象尽，象以言著。媒材的选择是基础，儿童在写生之初进行一系列媒材尝试的游戏活动，对工具的选择有一种直觉的、主动的把握。技法的匹配是手段，通过尝试偶然性肌理关联了媒材语言；最终指向的是儿童内心情感的"意以象尽"，即意义的诠释。这里的"象"是眼中冬天的树林之景，"言"则是借助媒材、技法来表现具象树林景物，进行意义诠释和表达的过程。"冬天的树林"一课的写生过程由观物—取象—立象—尽意四个环节组成，其媒材成为语境表达中独特的方式，对主旨意境的表达具有决定性作用。内容的编排也体现在课程导学单与自我评价中，具体见图4-34所示。

冬天的树林（导学单）　　　第　　组

·三人一张任务单，组长一张汇报单
·请针对老师任务单中的问题，小组合作交流。
（看图片并用自己的方法在纸上对照自己手中的照片画一画）
1. 你首先思考并选择的媒材是什么？为什么要这样选择？
（媒材选择无限定，说出你选择的理由即可）
2. 画树干、树枝和树梢时，怎样运用炭条突出生长特点？
（方法多样无标准答案，有理即可）
3. 表现有远近空间感的树林，你有什么方法和建议吗？
（大胆发表观点，说明理由）
4. 用这样的方式你想表达出心中怎样的感受？或想传达些什么？

图4-34
"冬天的树林"写生导
学单

《冬天的树林》一课从学习后记看出，儿童主动从生活中发掘普通媒材，增加了对丰富的物质世界的认知与阅读，合理选择与运用媒材突破绘画语言，使得生活经验的参与、记忆的表达、个人深层感受的挖掘具有显性意义，学生学习后记见图4-35。

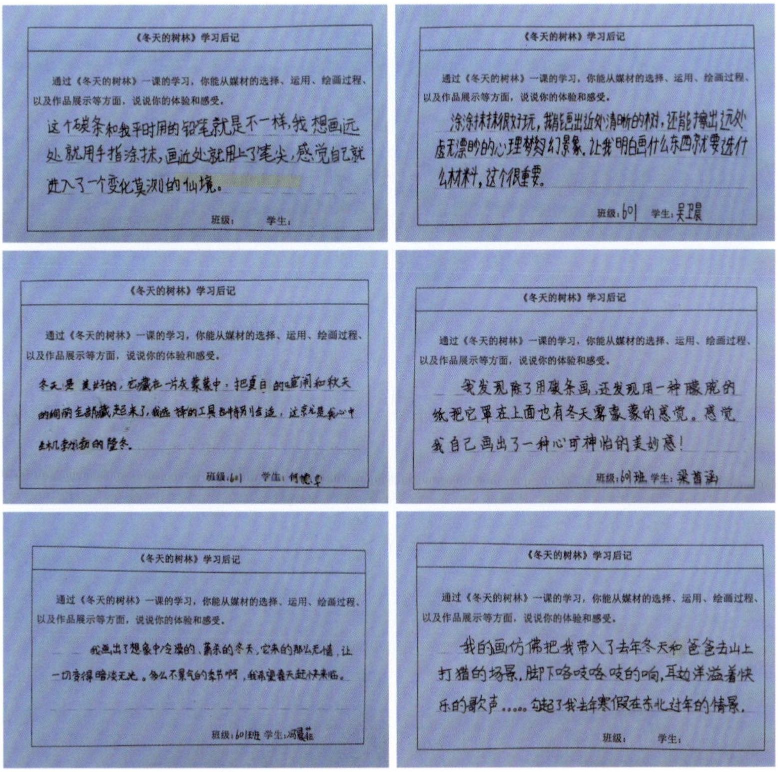

图4-35
"冬天的树林"学习后记

3. "感知—表现—表达"三段式内容体系

《义务教育美术课程标准》（2012年版）对于第一学段（1—2年级）在"造型·表现"学习领域提出的学习目标是"尝试用不同工具体验造型活动的乐趣。"其学习活动建议部分提出以游戏的方式体验媒材，进行造型活动。基于儿童视知觉体验的写生内容的编排，以新课程标准提出的学习建议为依据，在具体的教学中，分别以技法、媒材、风格以及感知方式、活动组织方式为主线，进行综合性感知的主题内容教学。

第一学段开设了众多游戏课，分别指向线条运笔方面的探究、色彩与肌理的体验、搭建拼摆的合作等与生活经验相符的观察性的游戏；第二学段为表现维度的主题课，关注形式语言与构成法则，重在以视觉语言匹配写生对象；第三学段聚焦视知觉的表达，将个人经验融入创作思路，学会像艺术家一样养成独特的

创新精神。本节将以视知觉感知、视知觉表现、视知觉表达三段
式推进，合理地进行主题课程的编排。具体见表4-7至表4-9。

（1）低段——感知维度内容编排

基于儿童视知觉感知维度的低段主题课编排

学段	一级目标	学段目标	教学内容	活动建议
第一学段	视知觉的感知	线的游戏	线的散步——水墨·梯田	作为游戏感知的小练笔，在低年段尽可能选择简便易得的纸材、泥材、线材等媒材工具，学会辨识媒材，大胆自由地尝试，说出新发现，感受和想象。选择具有重复性、规律性的表现内容，便于儿童在对比中发现和总结规律。
			线的缠绕——毛线·蜘蛛网	
			笔走龙蛇——毛笔·枯树	
			彩绳环绕——绳子·年轮	
			草编绳子——稻草·扎小辫	
			粗细回旋——纸笔·卷心菜	
		色彩肌理游戏	油色分离——油彩·湿拓画	
			吸管吹水——水彩·开花的树	
			揉搓拓印——宣纸·洞穴壁画	
			海绵蘸染——墨汁·悬崖峭壁	
			色彩碰碰——水粉·花瓶	
			折纸浸染——宣纸·小手帕	
		搭建拼摆游戏	木棒搭建——木棍·谷仓	
			积木搭建——积木·高楼	
			七巧板拼摆——几何形·动物	
			火柴棒拼摆——小棒·刺猬	
			凳子拼摆——凳子·找空间	
			豆豆拼摆——彩豆·装饰品	
		观察类游戏	鲜艳的花——彩笔·色彩的渐变	
			春天的树叶——铅笔·叶脉	
			我们的足迹——拓印·鞋底	
			熟悉的人——铅笔·我的同学	

表4-7
基于儿童视知觉感知维度
的低段主题课编排

（2）中段——表现维度内容编排

基于儿童视知觉感知维度的中段主题课编排

学段	一级目标	学段目标	教学内容	活动建议
第二学段	视知觉的表现	线条的组织	线的排列——竹笔·蜘蛛网	关注绘画的形式语言以及形式法则，感受不同材质媒介上的变化。巩固游戏课程的学习成果，有意识地渗透画面构成要素。用视知觉语言匹配写生对象，以写生、记忆、想象等方式进行自我表达。
			线的重复——牙刷·胡杨	
			线的环绕——综合·梯田	
		线的控制	线的弹性——软笔·包菜	
			线的轻重——炭笔·狒狒	
			线的综合——海绵·老人	
		线的节奏	线的游走——彩墨·鸡冠花	
			线的重复——纸笔·藤编物	
			线的规律——水笔·干玉米	
		线的肌理	线的质感——炭笔·森林	
			线的纹理——抹布·残荷	
			线的材质——绳子·电线杆	
		块面的组织	拼贴——油画棒·仙人掌	
			撕纸——拼贴·运动员	
			手绘——色粉·灭火器	
		材质与肌理	蘸拉——绳子·电线	
			混合——湿拓画·梯田	
			拓印——油墨·中秋月饼	
		块面对比	墨色——水墨·龙脊梯田	
			拼接——黏土·向日葵	
			色块——布贴·秋天的麦田	

表4-8
基于儿童视知觉感知维度的中段主题课编排

（3）高段——表达维度内容编排

基于儿童视知觉感知维度的高段主题课编排

学段	一级目标	教学内容		活动建议
第三学段	视知觉的表达	自然感知	秋叶之静美	从背景、内容和形式要素出发，学习艺术家独特的理解与创造精神，关联个人的生活经验，结合生活经验形成个人的创作思路与表达方式。
			狗尾巴花	
			山间小笋	
		童年故事	鲜艳的红领巾	
			我的运动鞋	
			我的小伙伴	
		故土乡情	家乡的美食	
			佛堂老街	
			爷爷的老屋	
		文化理解	民族大团结	
			黄山八面厅	
			摇响拨浪鼓	

表4-9
基于儿童视知觉感知维度
的高段主题课编排

第三节   基于儿童视知觉体验的写生学习方略

基于儿童视知觉体验的写生目标及内容编排明确了"感知—表现—表达"三段式划分，笔者在具体的学习过程中，开发了低段的感知维度方略，侧重活动方式的游戏性、体验性，关注观察所见与行为动作的关联性；开发了中段的表现维度方略，着重引导儿童以不同视角切入，形成感受，并探究相应的美术形式语言予以表现；开发了高段的表达维度方略，强调对物象的捕捉，并进行个性化风格呈现，达成形式语言与内心表达的吻合。本节依托媒材的视知觉体验，关注媒材的尝试、触觉的体验、情感的体验，寻找匹配情感的用笔，尝试使用各类材料，注重绘画过程，形成方法与策略，提升美术素养。

（一）感知维度的学习方略

写生并不是对现实生活的描摹，而是画者个人的心理感受与表达。普通人对于现实生活里物象的知觉就是用眼睛看，看到的人即是人，看到的山即是山，看到的高楼大厦即是居所……教师需要引导儿童在观察的同时进行独立思考，"以取代生活中的经验和概念，打开视觉经验的隔阂，不然，这种'通俗化'的生活知觉直接介入美术学习，会导致儿童群体相似人格形态的产生"[10]。视知觉的感知阶段便成为写生学习的必经之路，儿童以视知觉认识生活，从而产生了一种看待世界的方法。

因此这个维度的学习方略注重视觉和触觉联动，以体悟感受形成个体价值的取向。在学习的实施和引导过程中融入儿童的生活经验、营造知觉体验场、唤起知觉意象，将视觉感知与学科要素融合，儿童的心理逻辑和学科逻辑产生交互，真正促进儿童身心的自由发展。

1. 回归游戏表征原点

儿童遵循经验主义的思维模式认知外界，运用视觉、触觉进行观察和触摸，从现象积累出发形成经验的逻辑梳理，得出客观正确的认知和概念。为此，倡导儿童在学习写生之初，需回归到游戏表征的原点，以减少"造型为先"的被动思维定式。

德国哲学家康德认为艺术是"自由的游戏"，他将艺术行动者主观意识上的"自由"看作是艺术创造的核心，揭示了艺术的本质和艺术创造的基本动因。具体的写生学习中，从儿童的好奇心出发，设计游戏性环节，在与媒材的游戏性接触过程中，充分体会色彩线条等要素的变化规律。只有经历划、刮、擦、甩、印、洒等放松的游戏活动，接触了工具与纸张碰撞生发出的全新的体验，才能形成丰富的美术语言元素，建构持续学习的支架。

比如，当提及线的本质时，本书强调的是其运动性。这种运动可以借助各种媒材，以及相适应的学习方略进行运动姿态感知，具体案例如下。

[10] 李力加.走向多元的美术教学 [M].长沙：湖南美术出版社，2009.

（1）吹画《山花烂漫》

准备水彩颜料或者彩墨，水分尽量多一点以便于吹洒。在吹的过程中它可能像生发的树枝一样朝着不同的方向伸展，让儿童观察并说出疏密、粗细、长短等要素。继续抖动水彩笔将颜料洒在纸上，在相互覆盖中产生美丽的肌理，具体见图4-36。

图4-36
用水彩吹画《山花烂漫》

（2）纸片《胡杨》

将纸片折叠，用其中的一角蘸墨，轻轻地画出一条长线。也可以尝试不同的折叠方法或以不同角度入笔和行墨。比如用纸的宽面蘸墨，一气呵成画出一条气势畅达的线，揉搓纸片蘸浓墨、淡墨进行适当的点、皴、顿挫，控制力度以调节轻重、缓急，玩出丰富的层次感，具体见图4-37。

图4-37
用纸片创作《胡杨》

（3）纸笔《狒狒》

准备纸笔、毛笔、水彩、墨汁，用纸笔蘸墨轻扫，扫出的线类似毛发一样带有生长方向。有的细如丝，有的凝结成团。接着晕染水彩，晕染时注意浓淡的过渡，还可以将不同颜色混合出一种新的色彩，最后观察线与线、色与色、线与色的过渡与融合的特点，具体见图4-38。

图4-38
用纸笔创作《狒狒》

（4）水渍《联想》

儿童刚接触水彩时可能会因为颜料的流动性而难以把握细节，因此感到沮丧。在教学中，可从偶然形成的印迹入手，比如将其想象成人物形体的轮廓线，趁底色没有干透前添加手指、面部等细节。再比如用水彩碰撞出一朵娇艳的花，或是用笔"引流"出一条章鱼，具体见图4-39。

图4-39

（5）绳子《电线杆》

教师引导儿童表现线条时，可能用到最多的是铅笔、水笔、油画棒、毛笔之类的工具。其实在线条的体验上还可以选择毛线、棉线、麻绳、塑料绳一类的材质，因为它们存在材质间的关联。准备不同种类的绳子、墨、宣纸，用棉线蘸墨将一端握在手中，另一端放在纸上，拖拉绳子就会出现不同形态的线。尽可能多地尝试各种绳子，在控制墨量、水量、接触面的基础上体验线条语言的多样性，具体见图4-40。

图4-40
用绳子创作《电线杆》

（6）肥皂泡《消防员》

打破传统技法表现，在水墨的基础上融入综合媒材以增强游戏的趣味性。首先把墨汁倒入事先准备好的由洗洁精和水调和而成的液体中，用吸管把泡泡吹在宣纸上，再把盐自然地撒在泡泡水上，观察盐和洗洁精水反应后形成的肌理效果。运用洗洁精、盐、水产生的化学反应营造出浓浓硝烟的感觉，调试水与墨，在画面中营造出轻松自然的感觉，具体见图4-41。

图4-41
用泡沫和水墨创作《消防员》

（7）绕线《运动鞋》

以麻绳为材料简练地概括出鞋子的轮廓特征，会比铅笔造型更有趣。首先用麻绳制作外形轮廓，可以省略局部细节，接着进行主观性的细节添加，具体见图4-42。

图4-42
用麻绳绕表现《运动鞋》

（8）绕线《头像写生》

线条是最朴素的绘画语言，最初的原始绘画就是用简单的线条勾勒出的美丽画卷。德国画家保罗·克利的人像用线一气呵成，在画的过程中没有多余的线条，非常形象地刻画出人物的神态，每一笔都很重要。一笔作画时人物线条之间相互遮挡的线不必断开，可以重复地叠在一起，艺术家就是这么表现自己的作品的。儿童在模仿时需要打破传统肖像的写实概念，具体见图4-43。

图4-43
用线绕的方法创作人物头像

（9）毛线《丹霞》

运用毛线色彩艳丽、柔软可塑的特性，选择三原色或者类似色将它们摆一摆、转一转、绕一绕，充分感受线条时急时缓、高低起伏、长短不一、曲直等一系列的变化。线与线之间的排列尽量不要留空隙，无形当中形成了彩块面的概念。如果掌握了色块并置的方法，就能创造自己心中的绚丽风景，具体见图4-44。

图4-44
用毛线排列创作《丹霞》

在游戏活动中，可以单独使用一种媒材，也可以综合使用炭笔、水粉、毛笔、墨、丙烯等材料，均可营造出丰富的画面效果。在新材料的推动下，表现方式日益多样，"美术教师需要引导儿童体验和探究材料的特性及用途，感受生活中不同材料的肌理效果和质感，帮助儿童形成敏锐的观察力，从而培养儿童的开放性思维和探索、创新精神"[11]。

2.视觉和触觉的联动

视觉具有动态知觉性。儿童手持笔、抹布、吸管、毛笔等工具在纸上游戏时，手从一个方向转向另一个方向，视觉经历着横、竖、斜、不定向的位移，手头的触觉迅速反映到视觉感受中，也就是说眼睛看到的、手触及的，均被协调统一在视觉与触觉记忆经验中。最终被登记的信息转化为"觉察"，形成最初的视觉思维。

这种视觉思维具有敏感性和选择性，成为个性化美术语言的再生点。人们在观看事物时，由于对刺激物具有过滤性，因此各类媒材在不同操作方式中留下的刺激信息，有的被瞬间过滤，其他显著的特征被捕捉、登记、贮存成为后期的心理经验。比如人们在观看长颈鹿时捕捉到的是脖子的修长，在注视湖水时捕捉的是水波纹，在仰视建筑时捕捉到体积与空间……

编者将以具体案例进行直观陈述如何利用游戏创设、媒材体验等手段将视觉与触觉进行联动，案例如下：

（1）湿拓画·规律的联想

以湿拓画来说，学习之初儿童带着好奇心体验画针与油水之间的互动之趣，无形之象带给他们无限的遐想：这样的形象可能是群山、瀑布、朝霞、游云、地貌，也可能是涟漪、微风、热浪等物象。儿童通过偶然调试获取画面的节奏、韵律，这种样式与视觉经验中的流云、地貌产生同形同构，在知觉与联想的作用下添加农舍、村庄，从而激发观看者情感的共鸣，具体见图4-45。

图4-45
湿拓画的联想

（2）点滴浸染·纹样

儿童体验"枯笔横扫""油色分离""吸管吹水""折纸浸染""彩墨吹洒""揉搓拓印"这类游戏时，更多是让他们体会

[11]吴立文，朱玉婷，黄宇浩.媒介的综合实验：基于综合的儿童绘画案例研究[M].武汉：湖北美术出版社，2018.

触觉带来视觉图样的偶得和变化，以及两者之间的关联性。比如折纸浸染首先要学会折米字格、卷折、井字格、对角折等方法，其次是点染，适当的留白，一系列操作后，最后呈现的视觉图案可能是发射状，也可能是二方连续，甚至是四方连续等一系列有规律可循又各不相同的样式，这为接下来印染手帕或是蓝印花布的审美奠定了基础，具体见图4-46。

图4-46
浸染纹样

（3）纸笔·枯树

用枯笔、毛刷划扫纸面时，儿童可以察觉到力道不同、粗细不一的线所形成干涩、锐利等一系列的心理感受，这将成为枯树与媒材体验的一个结合点。枯树主要由树洞、树桩和树结疤三部分组成，其粗糙的纹理与纸笔蘸墨制造出的痕迹非常匹配。在画枯树桩的时候用纸笔从局部开始着手，控制墨量，凸显干枯虚实，表现出肌理及生长规律，具体见图4-47。

图4-47
用纸笔创作《枯树》

（4）吹洒·随形想象

吹洒颜料形成运动的线条和色彩色块，根据吹出的偶然形象随形赋意。游戏时不断变换角度、转动纸张，结合色块寻找最佳形象。用剪贴、绘制的方法添加细节创造出新的形象，在"无意"中理解疏密节奏和块面肌理，具体见图4-48。

图4-48
湿拓画的联想

（5）海绵·老人头像

在"海绵蘸蘸"游戏中，儿童发现揉捏、撕拉后的海绵改变了角度和弧度，蘸水蘸墨后可制作出丰富的线条，适合表现服饰的褶皱或人物面部的皱纹。比如用海绵表现人物时，可巧妙地撕出海绵侧边蘸取浓墨，在控制线条粗细的同时合理地控制水分。寻找帽子的浓淡层次并画出外形，再用海绵蘸焦墨，侧锋皴擦出人物肩膀。在底色基本干透时，用纸笔蘸墨勾勒人物的五官、皱纹、胡须，让墨与底色自然融合晕染，具体见图4-49。

图4-49
用海绵创作老人头像

（6）拓印·归来

低段的儿童处在认识世界的阶段，善于发现身边的美。"归来"这一主题的拓印课程，学生将学习借助树叶的形状和肌理进行创作，通过看一看、摸一摸、闻一闻的方法多方位感受其色彩、纹理、气味。运用揉、叠、搓、擦、印等方法学习纹理的拓印，并寻找花纹间搭配的方法。最后结合印制好的图案进行随形联想和添画。体会纹理之美，感受想象创造之乐，具体见图4-50。

图4-50
拓印游戏

（7）全形拓印

选择老房子的砖瓦、瓦当进行全形拓印，如器物拓、图形拓、立体拓。比如以旧村改造的青砖为表现内容，尝试将器物立体原貌转换到平面拓纸上，在完成的图案上添画趣味性的生活场景，使作品看起来更具意趣。作品以墨拓为主，结合绘稿、剪纸等技术，尽可能完整地展现器物形体，旨在让学生体验全形拓印的艺术魅力，继承和发扬中国传统文化，具体见图4-51。

图4-51
全形拓印

（8）水墨游戏·笔墨探究

在开展中国画教学中发现，儿童起初畏惧笔墨技法的尝试，因此帮助初学者克服畏难情绪，需要鼓励儿童大胆尝试，在玩的过程中探寻笔墨技巧。以技入道，从混沌变得明晰，从无法走向有法。

儿童手持毛笔的方式可分为中锋、侧锋、逆向，一旦掌握了干枯、发涩的用笔效果，与生活经验中的物象相匹配，就能表达出相应的视觉感受。游戏虽然简单，但能帮助儿童克服对新媒材和传统技法的畏惧，以游戏的心情和探索的方式去发现笔墨规律，在偶然的水墨印迹中联想创作，充分满足儿童天然的表达欲望。游戏的核心是在工具和材料的尝试中发现水墨语言，在感悟中丰富视觉、触觉体验，最终获得审美体验，具体见图4-52。

课堂片段一：尝试笔墨纸砚

师：中国画里的毛笔和墨究竟有什么奥妙之处呢？一起来探索它的神奇！

活动体验：首先让儿童用毛笔蘸墨，在宣纸上来回涂抹，直到笔干墨枯，这时会出现干、枯、涩、飞白现象。

师：你对这有什么特别的感觉？

生：像乱糟糟的头发，干枯的茅草。

生：我的毛笔干得分叉，不能再画啦！

师：你还能想出什么办法继续画下去？

活动体验：学生蘸水润湿了毛笔后发现纸面上有湿、滑、渗的变化。

生：干枯的毛笔蘸水后就变得听话多了！

生：蘸墨不经用，蘸水的话，画的时间长，颜色变化大。

师：能不能说说蘸水到底发生了什么变化？

生：蘸水后画得很流畅，线条有时候浓，有时候淡，水蘸得越多越淡，到了最后看不清楚，而且水还渗到了纸里……

师：同学们观察得很细心！再看看你按得重和按得轻，画得快和画得慢又有怎样的变化？

生：我画得轻点就小，画得重点就大，用力按线就粗……

师：现在的画面你感觉像什么？或者添加点会变成什么？

生：像小鱼吐泡泡，再加上一些晕开的水波就更像啦！

图4-52
课堂水墨尝试

（9）沙画·梦幻

以儿童熟知的趣味沙画游戏来说，刚接触沙画的儿童运用"加减法"玩沙，是最有效的自我学习与合作探究的过程。将沙子从黑框处添加到亮光处，有哪些办法？教师引出铺沙、撒沙、漏沙、抛沙等游戏技巧。儿童感受沙子在沙画台中滑行、挥洒、跳动。将沙子从沙画台中移出，又有哪些不同的方法？引出勾沙、排沙、推沙、点沙等游戏技巧，让儿童学会用手指、手掌等不同部位控制作画，具体见图4-53。

图4-53
沙画游戏

（10）版画·黑白世界

在玩中认识光与影，在光与影中认识世界。在玩中发泄情绪，在情绪中构建思想。学习版画之初，对于低段儿童来说，胶或木版的制作难度大，因此要结合影子游戏、拓印进行初步认知，循序渐进地过渡。表现题材一般以儿童的生活为基础，从生活题材入手，通过影子游戏引导观察和回忆，用剪纸的方式积累大量素材。后期再融入拓印、纸版、胶版、木版等表现形式，具体见图4-54。

图4-54
版画初探

通过媒材特性的感悟能更深刻地理解造型语言的内涵。比如用吸管吹洒颜料偶然形成的线条和色彩色块与视觉经验中的树枝、花的生长产生关联。折纸浸染则与枯笔横扫不同，孩子内心深处留下的是一种湿润、晕染、柔和的感觉。揉搓拓印让原有的纸张发生皲裂，自然生成类似岩石的厚重肌理。在不同的速度、力度、强度下，让儿童体悟其动势及肌理，试图引领儿童深入地熟悉媒材特点，掌握相关技法，在主题表现与媒材选择上形成关联并且综合运用，就能形成自己的语言与风格。

在"玩"中体验工具、材料的过程，就是一个放弃原有经验判断和被动知觉的过程，心理意识在手动操作中产生联想，是建立主动综合知觉的开始。此时教师应启发儿童读图并用语言帮助，以便产生新的视觉注意，整合技巧性体验与直觉感知，使得触觉与视觉的联动不断地发生变化，在生活经验的参与下，知觉体验的时间越长，生活经历越丰富，心理联想就越广泛。这种心理意识的变化和发展就是认识和了解写生学习的开始，是知觉体验主动建构的开始，也是写生意义探究的开始。

（二）表现维度的学习方略

《义务教育美术课程标准（2011年版）》课程总目标明确指出："运用各种工具、媒材进行创作，表达情感与思想……在美术学习过程中，激发创意，丰富视觉、触觉和审美经验，获得对美术学习的持久兴趣，形成基本的美术素养。"这里的审美经验可理解为对美术形式语言的了解和尝试，比如线的排列、重复、环绕、辐射、对比及轻重、块面的疏密等关系，学习用形式规律解构物象结构。从视知觉主观感知入手，用运动痕迹去解释物象，并在解释的过程中逐步体会痕迹的性质是什么。正如阿恩海姆所言，积极探索需要经过不断估计、证实、修改、补充、纠正、加深理解，因此对媒材的尝试的过程就是不断加深知觉理解，形成美术语言体系的过程。

1. 词汇与语法启动

美术表现的点、线、面、色彩、肌理、质感等元素可以理解为美术语言词汇。线条的速度、力度变化，线条、色彩、肌理等元素的组合所呈现的规律就是美术语言体系中的"语法"。在视知觉的关注下，通过手控制媒材工具，把个体的感知传递到所画的每一条线上，用速度的变化传达不同的情绪。用一条稳重而舒缓的线条表达沉思的情绪；感受小力度产生的柔和、诗意与轻盈，大力度的浓密与厚重。假如线条的速度加快，形象虽不再精确，但却蕴含了活力与动感，画面自然就具有生动的艺术韵味，以《猫》为例，具体见图4-55。

媒材的运用与个体的心境、理解、习惯密不可分。在不同情绪下，同样的话语能表达完全不同的意思。比如"我很累"，如果用温和的语气，说得很慢，表达的是疲劳；如果说得很大声且有力，则表达出愤怒，绘画中的美术语言也有着和口头语言同样的调性。应鼓励儿童在现象与感知体验中寻找语法的存在。

图4-55
《猫》

（1）在媒材转换中掌握词汇

① 干湿浓淡

《小小田地》中的山药、丝瓜等蔬果比较常见，生活经验聚焦的是物体的形、色、味。通过触摸能准确地抓住外形及纹理特征，通过品尝能抓住软硬、酥脆、润涩等口感。这种形、色、味的具体感受每个人不尽相同，于是山药上的斑纹、哈密瓜的甜润在墨色程度的把握上也就不尽相同。以羊毫笔侧卧锋画出的半环状哈密瓜切片，饱和的暖色调营造出一种汁水充盈的感觉。最后加入文字与印章，使画面更为饱满，并拥有质朴的趣味。

图4-56
干湿浓淡在蔬果写生中的运用

儿童一旦进入笔墨的自由王国就能尽情挥洒，描绘出令人难以置信的绘画效果。铜管乐这一金属主题用游戏般的趣味造型和"老到的笔墨"表现，给人耳目一新的感觉。对于水墨语汇的拓展，利用毛笔进行写生还可以让儿童"模糊"线与面的界限，更好地体现物体的体面转折和明暗虚实。

图4-57
干湿浓淡在金属乐器写生中的运用

② 材质肌理

义乌市苏溪镇蒋宅的"崇知斋"是宋代书籍印刷的老字号。

瓦片特有的材质与肌理蕴含着浓郁的文化气息，辅以刀刻斧凿的雕刻笔触，形成了其特的有美术语言。（图4-58）

图4-58
刀刻斧凿创作《古建筑》

③元素替代

视知觉感知力不同，会造成关注上的偏差，从而形成特有的"错觉"美感。教师应大胆地鼓励儿童将其"错误"进行捕捉，因物体表面会有其规律性肌理存在，这种肌理在每位儿童眼里是有差异的，依据其差异，尝试运用各种媒材与美术造型元素进行合理替代，形成风格化表现，具体见图4-59。

以《运动鞋》为例，元素的替代设计出让人意想不到的效果，替换的图形并不只是某一图形与另一图形的简单重合，而是在逻辑上形成"张冠李戴"的视觉冲击和共鸣。

图4-59
《运动鞋》中的元素替代

再如主观性写生"菠萝"一课。依据菠萝表面的肌理规律，有儿童尝试用彩墨画出深浅不一的点状结构；有的儿童将每块菱格概括为一个单元，尝试运用撕纸拼贴的形式表现；有的儿童将每块菱格再次概括，用纽扣代替则会呈现重复的节奏；有的儿童注重细节和形体塑造，则会选择线描的方式。因为视知觉感知力不同，所以自主选择与表达方式各异。（图4-60）

图4-60
菠萝中的元素替代

（2）媒材转换中探寻语法

选择软铅笔、水笔、彩墨等不同的媒材工具，均会形成各自的表现思维及对应的"语法"体系。首先提供一系列的媒材让儿童熟悉和理解，其次寻找具有形式规律和形式美感的静物，然后"遵循知觉感知的基本流程：探索、选择、把握、简化、分析、综合、比较、问题解决等"[12]。这样才能真正地帮助儿童进行"语法"的探寻。

水彩颜料具备灵动和流畅的气质，油画则光亮而厚重，刷子、纸笔、炭笔的特殊效果对于儿童来说都是新奇的。尝试工具对儿童来说不仅仅是熟悉和掌握，更是在尝试中反思如何选择适宜的工具去表达思想情感。由于不同的工具在选择运用上存在差异，个人的偏好都能产生或生动有趣、或浓密厚重的效果。在写生之前，可以用一个学习单对儿童进行学情把握，先让儿童描述皮质或毛发的质感，并且挑出自己认为合适的媒材进行尝试，再在媒材转换中探寻语法，具体见表4-10。

[12] 鲁道夫·阿恩海姆.视觉思维：审美直觉心理学 [M].藤守尧，译.四川人民出版社，1998.

儿童对物象的描述、媒材语言的匹配

类 别	小鸡的毛	刺猬的刺	鸵鸟毛	狒狒皮毛	毛线
质感描述	软、蓬松	坚硬、扎手	软硬适中	光滑、顺	柔软、细腻
媒材选择	棉柳条	钢笔、竹笔	纸笔、炭笔	水笔、炭条	色粉笔

表4-10
儿童对物象的描述、媒材语言的匹配

如"狒狒"一课的教学，目标指向力度与粗细、力度与浓淡。我们设计了两组媒材进行对比，一组选择软头水笔，另一组选择6B铅笔，具体见图4-61。当儿童选择软头水笔来表现狒狒的毛发时，发现水笔画不出浓淡而只有粗细的改变，此时他们的注意力就集中到力度与粗细的关系上，开始尝试把控好提按顿挫的力度；而选择6B铅笔表现时，儿童关注力度与浓淡的关系。尝试不同的工具材料之后，儿童对控制力度与粗细、轻重、浓淡之间的关系有了直观的感受，从实际经验而来的理解也就变得深刻。

图4-61
用软头水笔和铅笔写生
《狒狒》

除了体验软笔和铅笔外，还可以利用纸笔体会用笔的提案顿挫。"沧桑老者"一课，儿童学习利用握笔、执笔方式的不同而产生的线条变化来表现老人脸上岁月的沧桑。因为纸笔的吸墨性较差，一条线在运动的后期自然会出现枯笔和留白效果，保留了硬笔的一些特性，利用这一特性可以适合表现某些过渡及虚化的细节。非常适合儿童在往水墨过渡时期使用。

图4-62
用纸笔写生《老人头像》

色彩是美术语言体系中的重要"词汇"，儿童对色彩具有个性的选择和解读。"彩墨狒狒"一课中，首先让学生观察各种彩图，分析色彩、造型及毛发特点，并提出自己的理解和选择。然后学生根据自我的感受选择不同色彩进行表现，比如先依据色彩层次铺大色调，保留白色亮部，眼睛周围和四射的鬃毛。作者心境状态的不同，观察角度的不同，投入意志力的多少决定了与物象对话结果的千差万别。

图4-63
用彩墨表现动物毛发质地的儿童习作

通过媒材转化中的"语法"探寻，再回到传统的签字笔写生，学生开始在线条方面有了节奏上的"弹性"变化。在"向日葵"的教学比对中就可以感受到这种变化。图4-64中的向日葵注重线条组合的装饰性，而忽视了线条本身的视觉体验。而图4-65中用炭笔或铅笔画的向日葵在笔触的速度、力度、强度、动势和肌理上发生了变化，能强烈地感受到力度控制和虚实关系。

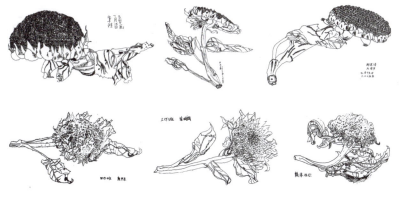

图4-64
用水笔表现向日葵的学生作品

图4-65
用铅笔或炭笔表现向日葵的学生作品

艺术家借助线条、色彩、空间等方面的形式语言表达对世界的认知，儿童也是如此。当儿童把课堂上所知觉到的意象和经验赋予媒材，然后将其转化为视觉语言时，就形成了儿童独特的风格。所以说，在本处谈及语法探寻，还需考虑到"口语"的要素。"口语"风格是儿童从自身出发的习惯、能力、关注点等要素，当成人意识到"口语"的存在，才会蹲下身子倾听和关注儿童。

［13］李力加.唤起知觉经验的美术学习：小学美术课堂教学研究［M］.济南：山东美术出版社，2013.

　　教学中我们常常会遇到这样一种现象，儿童画的分明是同一个模特但是画面呈现却不"像"同一个人。"儿童眼中'可见与不可见'究竟有什么不同？'眼与心'究竟有什么不同？"[13]编者认为不同的知觉意象，即"口语"语法决定着作品的不同样貌。

图4-66
《写生我的同学》学生作品

　　原有的生活经验和现场的视觉感受赋予知觉更丰满的意向。图中画的都是同一个模特的状态，但是明显看得出每位孩子对模特（同班同学）的精神状态、肢体语言的感知是不一样的，有的画出的是眼睛非常有神，有的却忧郁，有的迷茫，有的天真。这种"看"带有独立思考的过程，它伴随着对这个同学的态度或友好或反感，以及或紧张或松弛，或快乐或压抑等心理状态。盯着模特观察的时候既有对原有形态的纠正，又有对线条的组织或调整，还有对原有造型的改造，经过一系列心理变化的过程最终形成了综合的表征。（图4-66）

　　美术语法的理解需要不同的媒材工具接触体悟，媒材样式除了以上提及的还有很多，比如，可以通过泥塑写生头像来体会空间关系；通过刻线版画来体会用笔的力度……只有这样，儿童对线的语言语法认识才会更全面和成体系。避免了线就是简单的一条细线，而且只能用细头钢笔表现的误区。

2. 多维视角的切入

人们在观察和认识世界时，被赋予了两种认知思维方式，直观直觉和理智分析，因此在面对写生对象时既有直觉感受又有理智分析。视知觉是集感性和理性为一体的一种思维形式。因其感性，所以需置于真实环境之中生发感知；在理解归纳之时会有一定的主观性。视知觉感知流程并不是每个人都以一样的方式存在，而是具有个人的独特性。所以说在具体教学中，教师要考虑创设多维度的情境场，引导儿童结合自我认知与情感，从基于观察视角的切入，走向基于艺术家作品的风格模仿视角，从而达成自我表现手段的实现。

（1）观察视角的切入

儿童对新鲜事物持有好奇心是一种天性。利用这种天性，在转变视角切入的策略下，可以使儿童保持旺盛的兴趣，并将其转化为持续的学习动力。随着写生教学的进行，儿童的兴趣关注由肤浅向深刻发展，不止停留于事物的表面现象，而会对事物发展的原因、结果和事物间的内在联系感兴趣，即有积极的求知欲，兴趣开始具有稳定性、丰富性和间接性。引导学生改变观察的视角，从熟悉的事物中去寻找新的形式构成，如平时一些毫不起眼的花生被放大了后，学生会对其纹理排列规律有新的解读。（图4-67）

图4-67
微距视角下的花生写生

又如，将直立的椅子放倒，可以发现椅脚和坐垫之间的空间对比、不锈钢构件和坐垫之间的黑白对比关系改变了，换个角度观察则有利于空间分析和黑白疏密对比的训练。（图4-68）

图4-68
多角度写生椅子

因此在写生教学中，依据儿童的个性品质特点，通过视角激发好奇心和求知欲，从而形成独特的画面，构成独特的形式语言及风格。下面编者将通过具体的案例来描述观察视角切入的方略。

局部构图·《布痕褶皱》

引导儿童关注人物服饰的某个局部，从细微处观察感知衣服褶皱的变化规律，并在黑色底上用白线勾画的方式表现衣服褶皱。（图4-69）

图4-69
衣褶局部写生

局部构图·《书包一角》

引导儿童从身边熟悉的物品入手，探讨书包的基本结构，试着寻找不同的线条，描绘不同的材质。然后用两手四指作为取景框或者用圆形取景框，聚焦自己喜欢的局部。（图4-70）

图4-70
《书包一角》写生

观察角度·《我的朋友》

同一物体在不同的观察角度下，会给人截然不同的内心感受。引导儿童观察对比人物在仰视与平视状态下的五官及身体各部位的区别，明白观察角度不同所带来的透视变化。并大胆地将观察所得表现出来。仰视时鞋子可以画得略大一些，给人以一种下大上小、下实上虚的空间感。（图4-71）

图4-71
多视角人物写生

观察角度·《镜像鞋子》

改变观察习惯，会有不一样的发现。鞋子是生活中很常见的物品，引导儿童打破固有认知，在鞋子后方立面镜子，习以为常的鞋子马上就变得有趣好玩，同时也会有更多细节和构图布局上的思考。（图4-72）

图4-72
《镜像鞋子》写生

除了以上案例呈现，观察视角的切入方略还有：

解构重组方略：可以寻找一些有趣的东西，比如闹钟、坏了的电脑或电视机，去观察内部结构，并把这些零件拆开重组，会比"一本正经"的画有趣得多，在重组的过程中还能培养学生对画面黑白节奏的分析处理能力。

"散点透视"方略：准备一些小型物体，从各个角度去研究它，并把它的每个角度画在事先折成小方块的作业纸上，再把所有这些不同的角度组合一起，有助于形成物件的整体认识。

"变形"方略：比如，我们找一把家用的金属茶壶，当你的脸部靠近它时，你的五官和脸型会被拉长或者扭曲。当你把房间的物品映射在茶壶上，所有的形象都会变得新奇有趣，这也是观察事物的一种方式。

（2）风格视角的切入

风格研习视角不是简单的对某种风格手法或画面构成进行临摹再现，而需理解其语言特色及形式内涵，针对自我的表现需求进行结合运用。为了让儿童在模仿艺术家的风格中了解对事物解释的多样性，可以设置向艺术家学习的课程。借此领会艺术家为什么要这样表现，明白同一事物在不同的视知觉体验下，其美术语言的多元性。

编者主要采用先模仿后变化的教学方略进行推进，试图在风格研习的过程中，体会手法风格与主题思想表达之间的关联，以增强课程的游戏性和趣味性。

风格模仿《同桌的你》

引导欣赏教堂彩色玻璃画，畅谈绚丽而梦幻的色块所引发的各种想象，并分析其形状及色彩组合规律。然后将这种色彩组合方式与同桌的情绪、性格做一定的关联后进行表现。（图4-73）

图4-73
《同桌的你》

风格模仿《唐韵遗风》

在视频情境创设下，欣赏唐代仕女俑"鬓云欲度香腮雪"的艺术形象，说一说用线及用色的特点，并思考如何用水墨方式去表现唐代仕女风韵。（图4-74）

图4-74
《唐韵遗风》

风格研习《我的伙伴》

创设亲情氛围情境，引导儿童思考：你如果喜欢一个人，会时时刻刻地关心他（她）吗？然后引出艺术大师毕加索，探索毕加索是如何将人物的许多角度置于同一个画面之中的，最后尝试用这位大画家的表现手法来表达好伙伴最为完整的形象。（图4-75）

图4-75
《我的伙伴》

风格研习《华丽的你》

引导儿童思考：你想不想把你喜欢的人画得漂漂亮亮的呢？除了处理好人物的线条和黑白灰关系，是不是还可以在背景上做一番处理？解读克里姆特的作品，尝试将艺术家绚丽的"背景"元素，即构成方式运用到人物写生中，塑造一个华丽的人物形象。（图4-76）

图4-76
华丽的你

（三）表达维度的学习方略

1. 文化与语义关联

建构主义认为，学习者要想完成对所学知识的意义建构，最好的办法是到真实环境中去感受、体验，而不是仅仅聆听别人关于这种经验的介绍和讲解。"体验是一种由多种心理活动共同参与的，包括主体的态度、情感、知觉、理解和感悟等多种心理机能，是主体全身心的参与。"[14]所以把美术形式语言、形式法则置于真实的情景或任务中，通过这种声情并茂的实践，可以让儿童在现象中感悟形式法则与生活经验之间的关联，尝试运用学科经验解决问题。

[14]陈静静.学习共同体：走向深度学习[M].上海：华东师范大学出版社，2020.

因此，写生的课堂应"嵌入"儿童的生活经验。当儿童面对物象时已经存在着原有视觉图式的积累与独特的理解，这便是原有的视觉经验。教学的实施过程要引发情绪体验，达成意象重构的目的。将经验感知与学科要素共融，儿童的心理逻辑和学科逻辑才可能产生交互，这样的写生才能真正促进儿童身心的自由发展。

为此，需要将形式语言的表现置于文化的情境之中，使形式与意义产生关联，以形式语言去支持内心观念与情感的表达。以下将运用具体的案例呈现编者是如何将童年语境、生活语境、乡情语境、情绪语境、自然语境与形式语言进行关联。

（1）童年语境关联

狗尾巴草是童年的记忆，这普通的野草与孩子的生活经验相联：他们曾在整片的狗尾草田野中奔跑，它可能是柔软的、毛茸茸的，与某个欢乐的情境相伴；它可能是调皮的、扎人的，与某个孤独的时光相伴；它也可能是慵懒的、宁静的。每个孩子的记忆中都有一段独特的体验，与童年语境关联体验的过程让孩子可以更流畅地去抒发自己对世界的认知和情感的表达。（图4-77）

图4-77
炭笔写生狗尾巴草

（2）生活语境关联

情境场的创建对儿童观察感知的深度呈正向关联。情境源于生活，因此，写生课需要与儿童的生活经验关联，只有将自己的生活经验、经历和故事与表现的物品之间建立关系，儿童才能用心去感知。比如，在绘画素材的选择上，我们找到家里老旧的电扇，加上故事经历的渲染。这时画老物件便是打开儿童心境的一把钥匙。（图4-78）

图4-78
熟悉的生活物品写生

写生时，儿童会特别关注电风扇机芯与扇叶的组装，主动去厘清内外结构；会关注清洁工具中拖把柄与头的组装、扫帚的棕毛和缠绕绳之间的穿插关系；会关注洗涤用品中塑料瓶的瓶把上拐弯抹角处的细节。又比如关注服装拉链扣与链条拉合处的关系等，所有的细节都和儿童自身相关，相关的生活经验越丰富，细节就越精彩。（图4-79）

（3）乡情语境关联

儿时奶奶家的竹篮，厨房里的生活用具，深深镌刻在父辈们的记忆中。但在这一代孩子的眼中它就是老掉牙的、过时的、不足为奇的东西。

图4-79
老物件水墨写生作品

还有传统文化中对衣食住行的理解，有多少孩子知道衣有秀禾服、蓑衣、虎头鞋等；食有红糖、白切羊肉、千张面、三分饼等；住有古民居、古塔、老街等；行有浮桥；乐有十月十、迎龙灯、猪头祭等传统的民俗活动。（图4-80）

图4-80
老物件水墨写生作品

这些老物件以及民俗文化与儿童的生活经验缺少关联，就意味着儿童的感受与水墨写生表达缺少"共通点"，更谈不上如何把民俗文化渗透到内心，激发儿童对于家乡文化的认同。

"外师造化，中得心源"，若缺乏内心感受，技法就成了无源之水。因此教学实施需要引发情绪体验场——师生探访老街、倾听故事、以文唤情。把这样的体验"嵌入"他们的内心世界，找到老物件与孩子精神的"共通点"，此时感受越丰富，越真切，表达欲望就越强烈，表现的自由空间就越大。

在"佛堂老街"乡情主题美术探究活动中（见案例），

师生共同走访佛堂老街，关注和探寻竹制品这一传统的手工艺。品味这黑瓦白墙间搁置的簸箕、挂旗、石墩、老墙……如此质朴和纯真。老物件中，都藏着古老的岁月及悠远绵长的历史。（图4-81）

图4-81
老物件水墨写生作品

华东师范大学校长钱旭红指出，思维型的美育关注的重点不是艺术技能也不是艺术兴趣，而是蕴含在艺术背后的人文精神、信仰精神、文化内涵、思维模式和方法，是帮助儿童通过理解艺术进而超越艺术的现实意义的教育。大到爱国，小到爱家，儿时埋下了乡情的种子，当孩子们长大成人，外出离乡多年后，在某个时刻仍会想起故乡的老屋、老街口的小吃、儿时嬉戏的院落、屹立在村口的梧桐树。"为什么我的眼里常含泪水，因为我对这片土地爱得深沉"，这一种对自我身份、传统文化的认同，逐渐激发了爱家、爱国的情感。

（4）自然语境关联

如何把个人经验变成视觉经验？首先应用身体和心灵去感受自然的气息，去理解人与自然的共存共生。在这个意义的驱动下，再思考和寻找符合自我感受的视角、色调、媒材、意境等。在"冬日晨曦"课例中，儿童选择用棉柳条塑造黑白色调来表现冬日树林萧瑟荒芜表象背后的生命的蛰伏与蓬勃。在实践的过程中，儿童发现棉柳条的表现力非常丰富，用擦、抹等手法晕染能营造出整片草地的苍茫感，同样这种方式特别合适表现朦胧的晨雾。（图4-82）

图4-82
用棉柳条表现冬日晨曦

与自然万物开始共情后，一花一草皆有生命，假如你是一棵狗尾巴草，你会如何生活在广袤的田野上呢？因情感丰富，儿童在表现时，手头动作就会松动、灵活，适当控制运笔的力度就能形成丰富的效果。内心的感受与意图会注入一条条线和一个个点中，只有领会了视知觉的情感动因，才会形成富有情感的、富有生命的用笔，在嵌入思维和情感的笔触中完成视觉转换。

2．个人风格的形成

上文已阐述了文化与语义关联对表现方式的影响，艺术家的风格源于他自己所特有的某种表现的切入方式，比如感受、认知、环境、生活方式、文化氛围等。无论是艺术家所创作的写实作品的情境再现，还是艺术家所创作的意象作品的意蕴之美，或是艺术家所创作的抽象作品所展现的真实情感等，皆表明了个人感知与作品风格息息相关。

基于情感的表达要将先前具象性的情感体验与线条抽象性的情感体验相结合，才能真正触摸到个性的表达。[15]《艺术的去人性化》一书中提到现代艺术已经去功利性和服务性，它只关注到造型元素的本身。经验介入，建立主观的形式语言认知；营造情景，建构达成形式语言与情感倾向的统一；在形式语言与主题表现之间进行高度自我化的重构，形成独特的表现语言，方能形成个性风格化。如图4-83，我们可以看出儿童的视觉关注可能是片面的、感性的、碎片化的，每个人从自身喜好或者当时的某种情境出发写生清洁工具时，因为关注点不同，所呈现的视觉形象也截然不同。

[15]吴立文.唤起与表达：基于儿童视知觉体验的线性写生[M].武汉：湖北美术出版社，2017.

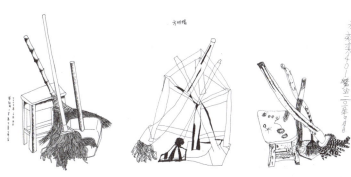

图4-83
清洁工具写生作品

左边这幅作品着重描绘场景的再现，中间这幅作品探究的是空间关系，右边这幅作品的关注点是遮挡与用线的流畅感。所以说视知觉感知的主观能动性，正是由于人与人之间知识储备、文化背景、思维方式、生活方式等方面的不同，在观看事物时的兴趣点也是不一样的，因此造就了各式各样的风格。

为此，编者将以案例呈现的方式来阐释感知捕捉方略、跨学科方略、情感体验方略、文化审视方略是如何促进个人风格的形成。

（1）感知捕捉方略

首先，多图分析，寻找共性。通过多图分析、局部引导观察物象的外形及纹理特点，发现线组织规律：如线的排列、重复、环绕、辐射、对比及轻重、块面的疏密等关系，学习用形式规律解构物象组织结构。当然，理出共性特征并不是写生的最终目的。教会儿童如何从理性分析中形成自己的感受，植入自我价值取向等因素才能形成个性的语言表达，具体见图4-84。

图4-84
不同的苦瓜造型

其次，体悟介入，情绪体验。动笔前先让儿童看、摸、闻、尝苦瓜，以此全方面了解苦瓜，随后鼓励儿童抛弃苦瓜的色泽、口感、养生功效等，把它看作一堆造型元素。教师出示实物图片，让儿童用手指沿着苦瓜的轮廓进行游走，有的儿童说道：

"原来它的轮廓线是起伏的。""这条线一会儿流畅一会儿起伏，有种顿挫的感觉。"儿童在追寻线条轨迹时有旋转、有徘徊、有游离、有跳跃……这种体验就是对客观物象的情绪体验。（图4-85）

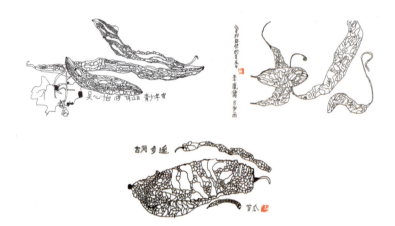

图4-85
苦瓜写生作品

最后，形式对应，语言表达。儿童有自己的感受："水滴状凹凸，像鸡皮疙瘩，起伏连绵不断，像尖的刺但不扎手。"这些回答说明他们形成了不同的解读，若要将此类带有情感色彩的感受带入画面中，教师应及时启发儿童思考如何用线、如何排列、如何组织，才能表现出强烈的黑白关系、重复的图案化、粗糙的齿状感……当儿童用现行语言关联感受时，方能形成个人风格。（图4-86）

图4-86
不同品种的苦瓜的肌理

（2）学科融合方略

以感知体验为主的写生教学要引导儿童关注生活环境、社会现象、社会热点话题，以文载道。"归来"是有关鸟类保护的跨学科主题课程。讲述的是"我"所居住的社区以及森林公园出现的鸟类死亡的问题。是什么导致了这一现象？鸟的死亡与"我"

有什么关系？对于伤鸟的行为"我"将如何处理？以什么方式进行谴责与控诉？

通过跨学科的学习，儿童得以理解鸟类生态对自身以及对人类生活的重要性。通过丰富的视觉图像刺激感性记忆，能够唤起儿童关注生命、关注社会问题、保护生态的意识。深度理解生态与人类命运的关系，重塑人与环境和谐、共生共荣的生活模式。

（3）情感体验方略

正如梅洛-庞蒂所说："知觉不是关于世界的科学，甚至不是一种行为，不是有意识采取的立场，知觉是一切行为得以展开的基础，是行为的前提。"[16]知觉体验场能让儿童把已有的经验、图像和记忆符号提取出来，在教学中被有意识地强化，加上情感体验被唤起，产生内在的共鸣，自我表现的美术行为方能水到渠成。

[16]莫里斯·梅洛-庞蒂.知觉现象学［M］.姜志辉，译.北京：商务印书馆，2005.

生活经验与学科要素共融，儿童的心理逻辑和学科逻辑才可能产生交互，这样的写生才能真正促进儿童身心的自由发展。一片树叶、一根小笋、几棵小草、一件老古董，当儿童结合自己的生活经验，去分享采挖时的乐趣，讲述它们的故事时，就会将情感注入其中，进而去思考什么样的色彩、肌理最能体现快乐时光或是老物件的陈旧沧桑。当儿童带着强烈的表达愿望去探究学科要素时，自然产生了一种源自内心愉悦的学习体验。（见图4-87至图4-91）

图4-87
水墨树叶写生

图4-89
水墨小笋写生

图4-90
彩墨狗尾草写生

图4-91
线描算盘写生

[17]迈克·帕克斯，约翰·塞斯卡.美术教学指南[M].郭家麟，孙润凯，译.长沙：湖南美术出版社，2015.

[18]余秋雨.中国文化课[M].北京：中国青年出版社，2019.

（4）文化审视方略

迈克·帕克斯认为美术的学习"仅限于理解形式特征的角色或设计元素和原则，这种形式主义的态度过于狭隘，理解应包括三个方面：背景、内容和形式"[17]。书中提及的"背景"一词，在书中应理解为文化环境的关联。"文化，是一种成为习惯的精神价值和生活方式。它的最终成果，是集体人格。"[18]这种集体人格一旦形成，就制约和衡量着我们的言行，决定着我们的审美标准，与我们的血脉融于一体。美术在这个文化体系中起到了个体与个体、个体与集体之间信息传递的桥梁作用。

基于共情的文化、情感方向的课程设计，需要与传统的文化、乡土文化、语境以及儿童生活经验结合。一件作品的诞生是当下的文化背景、内容和形式的共同作用，为理解美术作品提供了独特而又有价值的视角。教师需引导儿童从此处入手建立学习概念，使学习的过程成为探索思想和寻找意义的过程，学习像艺术家一样创作。

　　"白墙黛瓦"这一主题学习，首先儿童需重新审视自己的故乡，带着发现的眼睛回归故里，以一颗对生活的感悟之心去感受家乡。儿童在古镇中穿梭与嬉戏，探索古镇与现代城市的不同之处。在对比艺术家与现实人文环境的基础上，感受风景的质朴淡雅、高低错落、虚实有致，尝试用黑白两大色块的对比关系来概括表现江南民居的风格特点，并表达民居简洁而富有美感的形式美，从而产生对家乡、对生活的热爱之情。（图4-92）

图4-92
白墙黛瓦主题学生作品

　　在"故土乡情"单元，儿童分享记忆中爷爷的老屋样式及发生的故事。在创作中运用水墨的形式进行古宅探秘，也可以用线描加淡彩的方法表现老屋的古朴与沧桑感。儿童"亲密"接触家乡具有悠久历史的古宅，观察建筑样式，了解曾经发生的故事，聚焦建筑上的某一部分装饰比如飞檐脊兽、门窗、牛腿等，通过感知特点和文化意义来感悟先民的精神追求，挖掘文化追求和精神内涵部分，建立文化知觉体验场，引发对古人造物智慧的共鸣。（图4-93）

图4-93
老屋写生

图4-93
老屋写生

　　写生教学中需要营造视觉愉悦的文化体验场。学习活动要结合具体的经验展开，赋予一个人物形象更多的故事和情感。情感需要由具体的故事或生活片段去激发，比如"消防员战士"一课，让儿童的知觉体验参与到知识和技能的学习中来。试图在形式语言与情感态度价值观之间进行高度自我的关联，因此被赋予情感和意义的人物形象显得独一无二。

图4-94
《消防员战士》水墨写生

（四）主观调控的学习方略

上几节讲了在媒材的实践中关于美术语汇、语法的启动与探寻，以及多维视角的切入等方面形成的感知、表现、表达三个维度的学习方略。接下来，谈谈在学习的最后阶段，即画面的调整以及表现形式的预设两方面的方略。在践行了上一阶段的学习历程后，儿童获得了在视觉思维的调控下主动去辨识、分析、剥离和生成形式要素的方法，形成了主观把握元素、节奏、肌理、虚实以及多维空间的能力。在画面的主观调控方面，可以采取铺底色、做修饰、裁切与拟形、描边、拼接等方法进行主观需求的调试，改变画面形式感，凸显画面的形式语言，呈现出迥然不同的效果和意义。

1. 画面视觉把控

"眼睛不是用来看的，而是用来感觉的。"人对事物的感知最直接的方式便是观看，这种观看是一种直觉的、主动的整体把握，是与事物的情感交流。在交流的过程中，点、线、面是视觉传达重要的因素。"从这个意义来说，线条可以带动观众从心理上去触摸感受。"[19] 线条是点移动的轨迹，由于点移动的方向和速度快慢不同，产生不同形状和特点的线条给人不同的情绪体验。当我们面对一张白纸，把这个平面视为一个遐想空间，从无到有，在这平衡、宁静、多样的空间中安排不同大小的点，尽可能多地组合，就能获得一种抽象而又有意味的空间新秩序。把多种不同规格的点精心安排在一个平面上，然后用线把它们连接起来。两点相连即可。线可重叠排列，可多点连接，也可用直线、曲线、虚线，或是不同粗细、长短的线重叠、聚散排列，使白纸上的这个遐想空间被分割、占据、利用。绘画元素组织得恰到好处，将会带来一种焕然一新的感觉。本节将从点线面的组织、节奏韵律、肌理与虚实这几方面讨论视觉形式的组织。

（1）点线面的组织

点、线、面的组成是画面构成中最基本也是最重要的因素之一，世间万物一切都可由点、线、面来表示，这些因素组成画

[19] 吴立文.唤起与表达：基于儿童视知觉体验的线性写生［M］.武汉：湖北美术出版社，2017.

面的节奏感。点看似很难察觉，但是它却可作为画面的点睛之笔而存在。在西方油画中，新印象主义"点彩派"的创作方式就是用各种颜色的点组成一幅画。线是一种轨迹，无限延伸，比如射线，作为一种画面符号，它可以分割画面，表现体积、力量、方向。线有曲线、直线、折线，不同形式的线表现出不同的力量。面用来表现体积感，表现画面的明暗和色彩关系，是点和线的集合。（图4-95）

图4-95
点线面在名家作品中的
运用

　　点与线的组织形成疏密关系。物象中任何形态只要缩小到一定程度，都能够产生不同形态的点，在多数时候被认为是小的、圆的、方的、三角的或不规则的点。比如，书包写生中大点与小点的交织形成线的感觉，线产生拉链的流线型。书包左部缝线处的点有序地排布在一起，与拉链右边的书包带的粗轮廓线形成对比，疏中见密、密中有疏。（图4-96）

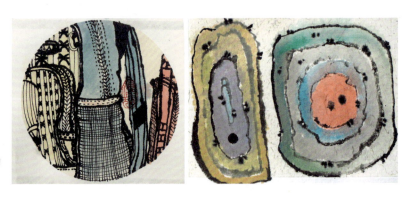

图4-96
点线面在书包与年轮中的
组织

　　图4-96的作品用水墨的干湿浓淡表现年轮的丰富饱满。年轮线有深有浅，线条有的滑畅、刚劲，有的涩滞、凝重，从而产

生不同的质感。画面中线条的抑扬顿挫，疏密对比，轻重缓急，特别是密线条中的错落交叉，给人强烈的视觉冲击力和艺术感染力。点的轻重在一定程度上也表明了绘画者的心情，这一种跳跃感使人产生对球体的联想，环绕的点营造出一种节奏感，这就好比音乐的节拍、鼓点。

图4-97
点线面在水墨梯田中的组织运用

点是视觉中心，也是力的中心。当画面上有一个点的时候，人们的视线就集中在这个点上，能够产生积聚视线的效果，点既有稳定性，又有灵活性。密集的条形点依次排列形成节奏均衡的面。图4-98作品中不同长短的点、线、面组成了复杂而又有规律的《城市》。

图4-98
点线面在城市写生中的运用

（2）重复与节奏

通过学习可逐渐形成对节奏和规律敏锐的眼光。如图，蓝白相继出现形成了有规律可循的花纹。又如蓝印花布左右两边的点并列成排，如同波纹一般急促流畅，小短点逐渐变成大点，形成深浅不一的精妙排列。木头的排列分别体现出具有体量感的有序重复。点的疏密跳跃，短线的粗细发散，物象中暗藏的节奏和韵律需要儿童用独到的眼光去揭示它。绘画的语法是多元的，儿童通过摆放来体悟点材、线材、面材、体材之间的区别，再分别搭建一个线性并置、点状并置的立体造型。（图4-99）

图4-99
构成元素的重复与节奏

（3）肌理与虚实

运用综合材料创造肌理是塑造画面风格和形式美感的表现方式之一，是对客观物象进行提炼、取舍、简化的过程，以此实现向美术语言的转换。各种肌理不但能丰富绘画表现力，而且还能增加生动性和趣味性。

比如，用瓦楞纸和铁钉制造横纹和点状纹的肌理来表现长颈鹿，皮毛底纹的虚和花斑的实相互映衬。尝试用抹布在纸上制造成束的线条，又细密又轻柔，这样的线条语言用在秋天枯萎的荷叶上表现出"荷尽已无擎雨盖""色苍苍，老柄风摇荡"的肃杀的气氛。水笔或炭笔的写生常常让我们进入一个误区，认为线就是笔头画出来的。以刀代笔，感受从线描到上版再到刻制一系列的工序，用"版味"还原线条的力量，更能加深儿童对写生创作的理解。（图4-100）

图4-100
综合材料的运用

（4）多维空间

通过分析实践能正确清晰地认识不同的空间概念，并灵活运用到日常的画面构成中，即用不同的空间观念画出不同的构成形式。我们对画面构成的认识，从零维空间——点到一维空间——点连续成线，再到二维空间——线围成面，直到三维空间——面。按透视往纵深发展成体，从四维空间——体的转动加入了过程"时间"，直到五维空间——时空的交替转换加入了"心理意念情感"，就显得尤为重要。（图4-101）

图4-101
多维空间的绘画与拼贴实践

许多艺术作品都是综合运用各种空间观念创造出来的。如民间剪纸、刺绣、蜡染等前后无遮拦、无透视、无体积的平面艺术，都属于二维空间。但由于大胆的组合变形，动植物与人物的合体，不同时空所见的物象之有机组合，加上人为的主观愿望，就由原来的二维空间跳过三维空间，直接达到四维、五维的效果。欧洲文艺复兴时期的绘画具有纵深视觉效果，属于三维空间的处理。由于加上了想象的因素、时间的概念、心理的变化，使画面具有四维、五维的构成效果。

2. 表现形式预设

表现形式预设旨在通过媒材、构成、视觉形态的辅助和美化来改变画面形式感，凸显画面的形式语言，使得儿童写生呈现出迥然不同的效果和意义。可以通过给画面铺底色、做修饰、裁切与拟形、描边、拼接等表现方法，在原有作品的基础上做出新尝试，培养儿童勇于打破常规和勇于创新的精神。

《义务教育美术课程标准》（2012年版）指出，美术课程内容应与儿童的生活经验紧密联系在一起，强调知识和技能在帮助儿童美化生活方面的作用，能让儿童在实际生活中领悟美术的独特价值。每个人对事物感知点不同，因此作品形式各异。比如当我们走进会议室，有的人第一眼可能关注到色彩，有的人则会看到跳跃的花边，视知觉在前置感知或已有经验的作用下会影响对当前事物的选择。比如，有集邮爱好的儿童在思考对画面进行形式处理时，他有可能会用邮票的元素进行趣味装饰。（图4-102）

图4-102
邮票的趣味装饰

　　涂色也是最常见的画面填充方式，可以营造环境氛围感，给画面带来更丰富的视觉感受。作品《城市一角》（图4-103）中的物体如果没有铺色，就单纯的轮廓线而言略显单调，但是作者也没有单纯地平涂一种颜色，而是选择用不同色系的灰，充满线条肌理感的笔触，让整个画面变得充盈有质感。

图4-103
《城市一角》写生作品

结合个人的生活经验和认知特点，把生活中喜闻乐见的事物带入绘画，给观者别样的视觉感受。《中国非遗·舞剧》（图4-104）结合了中国屏风的元素，孩子用三段式构图和聚焦主体的视觉处理使观者仿佛能听见此起彼伏的戏曲声、锣鼓声和观众的欢呼声，画面别具一格。

图4-104
中国屏风三段式构图作品

拼贴艺术来自于立体主义。从视知觉角度来看，拼接的艺术感在于视觉错位带来的冲击力，这种表现形式很大程度上打破了儿童原本在白纸上作画的习惯。从画面设计形式感来看，拼贴作品比单一的黑白作品显得更生动，缓解了作品过于平面化、表现力弱的问题。对儿童来说更是一种新的绘画体验，也会因此激发出新的思路和创作源泉。（图4-105）

图4-105
彩色拼贴作品

　　综合表现形式，可以多种技法与材料组合达成画面表达之效果。比如作品《校园生活》，作者用国画的形式描绘并撕出人物，将其粘贴在经过层次处理的硬纸板上，构图不局限于画幅范围内，寻求构图统一与变化。（图4-106）

图4-106
综合表现在《校园生活》
中的运用

　　采用艺术家安迪·沃霍尔的波普艺术，进行作品《中国瓷器》的创作，利用凸版印制造型各异的瓷器，并运用图像处理技术进行大量"复制"，不同色相的主题元素在同一个作品中重复出现，各种颜色组合冲击，形式轻松又有趣。（图4-107）

图4-107
凸版印刷中国瓷器作品

　　还可以将视角缩小再缩小，聚焦到两只搏斗中的昆虫的身上，如作品《搏斗》（图4-108），用铜版画的形式，以最本质的美术语言"点"为基础，以虚实堆积的方法去描绘这个精彩的瞬间。黑白二色的主体，稍加淡褐色印染的叶片，强烈的对比中又不失画面色调的和谐。

图4-108
微视写生昆虫

　　利用笔触的强对比，来达成画面的主次关系及人物的刻画。比如《水彩头像》（图4-109）中，利用粗犷果断的线条在堆叠拼摆中刻画出女孩的形象，颜色透而薄的笔触使创作过程更具灵活性，这里水彩颜料的选择使这种表现形式体现得恰到好处。

图4-109
笔触对比在人物头像中的
运用

　　学习艺术家勃拉克的立体主义构成风格，进行《呐喊》（图
4-110）的创作，小作者们多角度观察运动会中加油呐喊的同学，
尝试用直线切割、重组等方式进行间隔性的拼摆或错位组合，为
了避免层次单调，把画面空白的区域或缝隙用点线面搭配的纹理
及具有质感的色彩填充，形成强烈的画面冲击力。

图4-110
立体主义构成风格研习

第四节 基于儿童视知觉体验的写生评价方略

（一）写生评价体系

视知觉体验的写生评价是根据各学段的教学目标，运用合理的评价工具对学习过程和结果进行判断和反馈的过程。评价分为三个阶段进行，首先根据不同年龄儿童的身心发展的特点，结合相关的教学内容，根据各学段的学习目标进行要点解析。

1. 明确评价目的

以各年段的教学目标为导向对评价目的和内容具体展开，首先针对各年段视知觉目标的达成进行测评。对低年段的评价内容需侧重于学生写生观察的方法，是否能自主选择观察角度，是否熟悉运用工具和材料，是否曾尝试感知点线面、黑白灰的关系。中高年段的目标指向为是否能运用美术语言进行个性化的处理，是否能关注空间与透视以及能否形成个性理解。具体内容如表4-11所示。

基于儿童视知觉体验的写生课程评价目标设定

年 段	写生学习的评价目标指向
低年段	1. 学会写生观察的方法，能自主选择角度进行表现。 2. 认识写生相关的工具和材料，体验不同媒材的表现效果。 3. 自由表现，大胆尝试线条、形状、色彩，体验造型乐趣。
中年段	1. 选择适合的媒材，用个性的美术语言处理画面。 2. 表现写生对象的结构和质感，尝试对特征进行个性化处理。 3. 用美术语言完整表达写生物象，体现出个性化风格。
高年段	1. 能关注透视关系，尝试近大远小、近实远虚的表现。 2. 用媒材的色彩、质感、肌理、空间等造型元素为创作服务。 3. 对物象适当取舍，进行虚实表现，形成个性化的理解与表达。

表4-11
基于儿童视知觉体验的写生课程评价目标设定

2. 细化评价观测

评价观测的细化主要是把各模块的学习内容分解到教学活动中观察，包括对过程性表现和结果性表现的观测。具体从学习兴趣、学习习惯和学习成果三个方面进行考虑。学习兴趣主要表现在对写生物象的关注程度、活动的参与度及对媒材的探索愿望。学习习惯主要是对观察物象、造型表现步骤以及使用工具和收纳材料的过程。学习成果主要表现在线的造型能力、色彩的造型能力、形式美的运用以及媒材的使用技能方面。

3. 评价途径反馈

评价途径主要分为评价的反馈形式和评价工具两部分内容。评价主体主要为儿童自评、同伴的评价、教师评价和家长的评价。评价途径包括课堂行为观察、课堂提问、作品分析。课中和课后主要通过观察写生记录单、绘画日记、电子档案袋、学习单、学习评价表的方式进行评价。

评价的反馈包括教学的实施过程、评价结果和反馈改进三方面内容。实施过程主要是通过媒材和绘画工具的运用，收集儿童课堂表现的信息，对学习结果进行数据分析。检验儿童知识技能的达成、学习能力的养成、学习兴趣和习惯的建立，以评促教，反思教学目标的设定、学习内容的把握和学习方法的适当与否。

基于儿童视知觉体验的写生评价是以写生目标为依据，按照目标设定的标准，确定评价目的与内容、细化评价观测点、设计评价途径与评价反馈这四条途径，对教学过程及结果进行检验和判断。通过系统的设计，分析和整理信息，围绕这四方面对学习结果做出有价值的反馈。

（二）写生评价策略

1. 确定评价内容

评价内容是以新课程标准为指导，以视知觉单元目标为导向，体现了目标与评价的一致性。编者以低年段的课程学习为例，阐述相关单元模块的学习目标、评价内容和评价类型之间的关联。低段的视知觉学习目标是以先验的美术经验、生活经验及视觉经验参与为标注，即以视觉、听觉、触觉为主导的学习活动。根据儿童的心理特征结合"丙烯·龙脊梯田""纸笔·切开的洋葱""丝线·蜘蛛网"模块的课例，明晰制定评价目的、评价内容和评价类型。

·评价目的

评价目的需针对单元模块的目标设定，根据学习内容有侧重地进行评价。低段的学习目标是在熟悉媒材习性的基础上，学会运用点、线、面元素，尝试表现物象的软硬、粗细、长短、轻重、疏密等形式关系。《丙烯·龙脊梯田》一课将从三方面进行评价：知识与技能的掌握方面，检验儿童对梯田的结构与走势的观察与表述情况；学习能力方面，了解儿童在用线与色块组织过程中的表现和遇到的困难；学习水平与学习兴趣方面，查看儿童用同类色进行造型表现的学习结果。

·评价内容

在分析单元学习内容的基础上，具体从主题概念、形式原理、美术知识与技巧、审美导向、美感体验方面检验儿童的情意态度、技法体验、自我反思以及工具材料的管理能力，从而使评价内容与评价目标紧密关联。

以低年段的"丙烯·龙脊梯田"为例（表4-13），具体检验儿童对梯田的结构与走势的观察与表述情况，儿童在用线与色块进行组织过程中的表现及遇到的困难，以及用同类色进行造型的学习结果这三方面的内容。编者根据活动内容（表4-12）设计检验的关键问题：

·儿童是否能观察梯田的结构与走势？

·能否说出其中的美术元素，并表现其形式美感？

·画面中的线条和色彩是否经过有意图的组织？

·分享如何运用线条和色彩，有意识地表现形式美。

低段模块"丙烯·龙脊梯田"活动内容示例

序　号	活动主题	活动内容
活动1	欣赏互动 认识元素 分析结构	1. 认真观察梯田的色彩、结构与走势。 2. 寻找梯田的基本造型元素，并说出形式美感。 3. 将梯田中隐藏的元素进行有意识的转化。
活动2	观察思考 色彩写生	1. 运用色彩变化的线条有意识在组织画面。 2. 选择相应的色彩与技法进行写生实践。
活动3	展示分享 工具管理	1. 展示并用流利的语言描述对作品的理解和感悟。 2. 整理桌面，妥善保存作品，保持良好的卫生习惯。

表4-12
低段模块"丙烯·龙脊梯
田"活动内容示例

· 评价类型

"评价的类型主要根据学习活动的各个阶段而决定，教师应结合评价内容、学习的三个维度，即兴趣维度、习惯维度、成果维度，分为诊断性评价、形成性评价和终结性评价。诊断性评价用于模块学习之前，是为了掌握儿童的实际水平和个体差异。"[20]形成性评价用于学习过程中，终结性评价用于对学习结果的测评。（表4-13）

[20] 上海市教育委员会教学研究室.中小学美术单元教学设计指南[M].北京：人民教育出版社，2018.

低段模块"丙烯·龙脊梯田"评价类型与目的、内容的对应示例

	评价目的、内容		评价类型
学习前	评价内容	1. 诊断对结构与走势的观察与表述情况。 2. 线条与色块组织中遇到的困难。 3. 运用同类色进行造型表现的学习。	诊断性评价
学习中	兴趣维度	1. 是否能主动发表观点，积极参与讨论。 2. 能否主动与他人交流或提出疑问。	形成性评价
	习惯维度	1. 敢于表达、乐于分享绘画感受。 2. 乐于体验和探究造型元素的组织与规律。	
学习后	成果维度	1. 对媒材进行创新使用情况。 2. 对绘画主题进行创意表达的情况。 3. 对绘画工具与桌面的整理情况。	终结性评价

表4-13
低段模块"丙烯·龙脊梯
田"评价类型与目的、内
容的对应示例

2. 制定评价标准

评价标准根据学习内容进行制定。关注儿童在不同的年龄阶段学习能力的达成情况。在写生的过程中关注儿童自主学习所达成的结果，经过教师的引导所达成的学习结果，或者经过教师的指导后依然难以达成的情况，做出相应的评价。

低年段（1—2年级）是写生入门阶段，应激发学生对物象的关注和写生的兴趣，在弱化学科要点的同时从行为习惯和意志上给予肯定和鼓励。用美术元素造型画面时，达到远看能有"黑白"的程度即可，对于结构和细节不用过于强调，养成整理与收纳工具材料的良好习惯。

中年段（3—4年级），在能较好完成构图、色彩等要素的前提下，适当引导儿童从单个物品的写生过渡到物体组合的写生，让儿童知道什么是好作品，意识到美感不在于"像与不像"，而在于形式规律的协调与统一。

高年段（5—6年级），积极探索媒材的特性与表现效果，用形式美的原理处理形式规律，主动表达创作意图，鼓励在画面中有个性地理解和呈现。

3. 细化评价观测点

评价观测主要是针对过程性表现、结果性表现的观测。检验评价内容在学习活动中的落实情况，诊断学习过程和学习结果是否具有可操作性。

·过程性表现

通过分析"丙烯·龙脊梯田"一课的学习活动，评价时应从过程性表现来看儿童参与的主动性如何、探究性如何，是否能够参与合作性学习，从这几个方面来细化学习过程的观测点，如表4-14所示。

低段模块"丙烯·龙脊梯田"评价观测点示例

观测点		评价观测示例
过程性表现	主动性	1. 主动参与、主动关注、主动表达、主动创新的情况。 2. 能在教师的引导下积极参与、关注、表达，尝试创新。 3. 在教师的指导下参与、关注、表达的情况。
	探究性	1. 对信息的收集归纳，有目的地探究，遇到困难反复尝试。 2. 能观察并组织画面，需要在教师的指导下尝试创作。 3. 不能主动参与活动、主动思考，需教师督促和帮助。
	合作性	1. 合作使用工具材料，积极分享心得经验，表达感想或观点。 2. 在教师的引导下学会合作、分享与自我表达。 3. 在观察、表达、分享、运用材料方面存在困难。

表4-14
低段模块"丙烯·龙脊梯田"评价观测点示例

对于过程性的观测，编者将从实践操作、探究交流、合作表现和成果交流各方面进行评价。把评价内容分解到学习中，如把"观察梯田的结构与走势，主动表达形式美的感受"放在"关注形式美的组织"中观测；把"对形式美进行理性组织，遇到困难反复尝试"放在"用媒材将线与色块进行组织过程中的表现及遇到的困难"中进行观测；"提取具有形式美感的线条与色彩，合理运用媒材表达"放在"表述节奏美感，运用媒材进行造型表现的情况"中观测。

对于过程性表现的观测（如表4-14所示）将关注儿童学习的主动性，主动参与对梯田结构、用色、用线的探究情况，在探究性方面聚焦媒材性质的尝试与运用。在合作学习方面观测儿童的心得体会、经验和想法以及如何评价自己和同伴的学习情况。

·结果性表现

结果性表现的观测将从知识技能掌握、学习兴趣与学习习惯、学习能力三个方面评价，同时分别又与学习目标和活动内容相对应，具体见表4-15。

低段模块"丙烯·龙脊梯田"结果性表现示例

学习成果	知识与技能的掌握程度	1. 感知色彩及线条造型能力的情况。 2. 运用形式美的原理进行主题创作。
	兴趣与习惯的表现水平	1. 乐于体验和探究色彩规律与形式结构。 2. 善于表达想法，乐于展示作品并评议。 3. 积极参与互动，主动阐述构思。
	学习能力的表现水平	1. 能够辨别同类色，运用色调进行主观表现。 2. 能够将构成元素与形式美感有意识地转化。 3. 能够综合运用色彩语言进行构思创作。

表4-15
低段模块"丙烯·龙脊梯田"结果性表现示例

4. 设计评价途径

·绘画日记式

评价的目的不是为了甄别儿童作品的优良等第，而是看重儿童写生的过程体验。有的儿童在学习的过程中是兴奋积极的，有的是小心谨慎的，有的是成功和困难相伴的五味杂陈。在单元模块"丙烯·龙脊梯田""纸笔·切开的洋葱""丝线·蜘蛛网"的学习中，编者希望把情意态度、作品的形式特征、感受媒材特性、媒材匹配度，以及反思和结果方面作为绘画日记的参考要素，具体见图4-111至图4-113。

·情意态度：说说你绘画时的感受，你用了几成"功力"完成了这件作品？

·媒材特性：丙烯颜料与水彩笔和油画棒在使用过程中有什么不一样的感受？

·形式特征：在创作过程中有什么新感觉？

（软硬、轻重、粗细、长短、疏密变化、黑白灰、秩序、速度与力度等）

·媒材匹配度：这个材料适合画梯田这个主题吗？

·发散思维：你觉得还可以用哪些材料来表现梯田，为什么？

·自我认可：学习的过程中我成功的地方在哪里？遇到了哪些困难？

学生日记评价

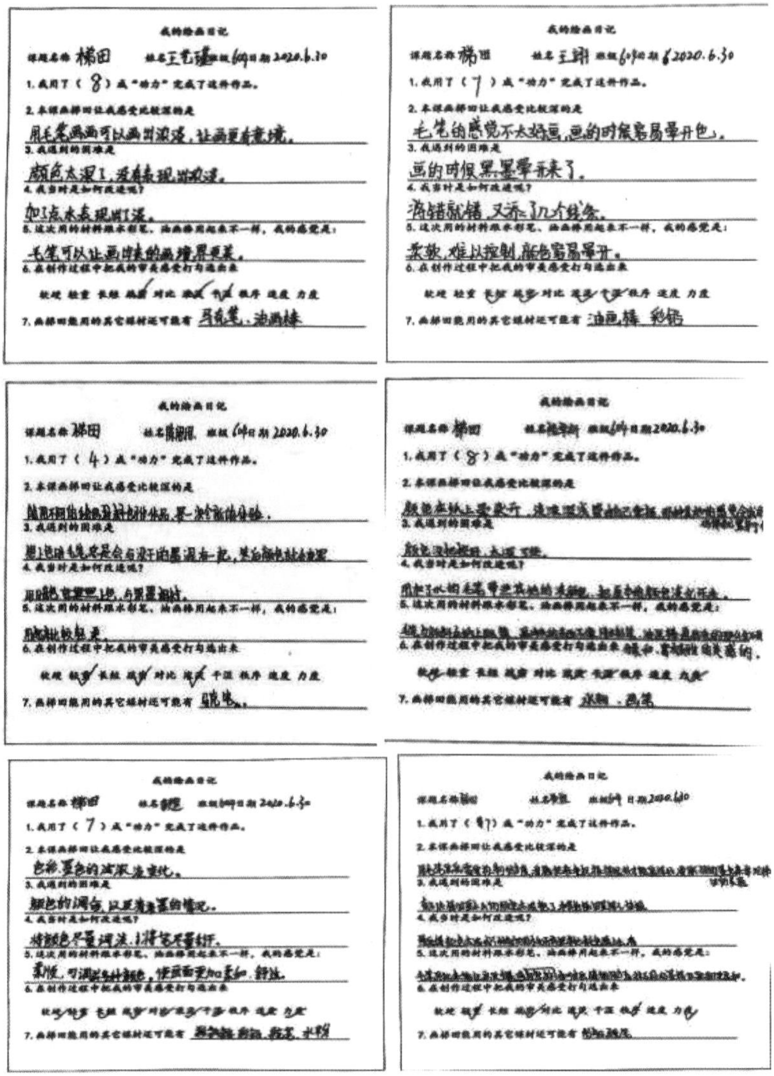

我的绘画日记

课题名称 梯田 姓名 王艺瑾 班级 609 日期 2020.6.30

1.我用了（8）成"功力"完成了这件作品。

2.本课画梯田让我感受比较深的是

用毛笔画画可以画出浓淡，让画更有意境。

3.我遇到的困难是

颜色太深了，没有表现出浓淡。

4.我当时是如何改进呢？

加了点水表现出了淡。

5.这次用的材料跟水彩笔、油画棒用起来不一样，我的感受是：

毛笔可以让画中表的画境界更美。

6.在制作过程中把我的审美感受打勾选出来

软硬 轻重 长短 疏密 对比 浓淡 干湿 秩序 速度 力度

7.画梯田能用的其它媒材还可能有 马克笔、油画棒

我的绘画日记

课题名称 梯田 姓名 王翊 班级 609 日期 2020.6.30

1.我用了（7）成"功力"完成了这件作品。

2.本课画梯田让我感受比较深的是

毛笔的感觉不太好画，画的时候容易晕开色。

3.我遇到的困难是

画的时候黑墨晕开来了。

4.我当时是如何改进呢？

将错就错，又添了几个线条。

5.这次用的材料跟水彩笔、油画棒用起来不一样，我的感受是：

柔软，难以控制，颜色容易晕开。

6.在制作过程中把我的审美感受打勾选出来

软硬 轻重 长短 疏密 对比 浓淡 干湿 秩序 速度 力度

7.画梯田能用的其它媒材还可能有 油画棒 彩铅

图 4-111
学生日记评价

"丙烯·龙脊梯田"绘画日记

我的绘画日记　课题：丙烯·龙脊梯田　姓名：金凌子

日期：2019.5.8

我用了八成"功力"完成了这件作品。

画梯田让我感到开心的是：颜色调起来很有趣，一条条路线各不相同。

我遇到的困难是：粗细不一的地方我用不来笔，这个毛刷笔和水彩笔不同。

我该如何改进呢？我想在草稿纸上多试一试，不紧张，手就不会抖。

我感觉丙烯颜料与水彩笔和油画棒用起来不一样的地方是：调色有趣。

在创作过程中我把我的感受勾选出来：

（软硬、轻重、粗细√、长短、疏密变化√、黑白灰、秩序、速度与力度等）

我觉得丙烯（不/很适合√/适合）画梯田，可能还能用彩线绕出梯田。

图4-112
"丙烯·龙脊梯田"学生绘画日记

"丝线·蜘蛛网"绘画日记

我的绘画日记　课题：丝线·蜘蛛网　姓名：金凌子

日期：2019.6.12

我用了九成"功力"完成了这件作品。

编织蜘蛛网让我感到开心的是：我学会了一项很棒的技能。

在制作中我遇到的困难是：绕网时线团很容易乱，不容易编出规律。

我该如何改进呢？我想应该从里向外绕，从中心开始容易得多。

我感觉用铅笔画和用丝线织有很大的不同，主要在于：画很容易，织需要动手动脑。

除了用丝线织网，我还能用铁丝织网，那样比丝线容易得多。

在"劳动"中我感觉自己是一只什么样的小蜘蛛？

我觉得自己不怕困难，比小蜘蛛还有耐心，织网很累但是很有成就感。

图4-113
"丝线·蜘蛛网"学生绘画日记

绘画日记的模板（图4-114）编写是从学情和儿童心理的角度出发，以关键词或关键句为引导，对学习过程表现做出相应的判断。日记评价能够反映出儿童的个性与特质，帮助教师更好地判断学生在知识技能和情感态度方面的表现，为后续的学习奠定了基础。

儿童绘画日记式内容自评模板

我的绘画日记（低段）	我的绘画日记（低段）
课题： 姓名： 日期：	课题： 姓名： 日期：
我用了 成"功力"完成了这件作品。	我用了 成"功力"完成了这件作品。
编织蜘蛛网让我感到开心的是	画梯田让我感到开心的是
在制作中我遇到的困难是	我遇到的困难是
我该如何改进呢？我想	我该如何改进呢？我想
我感觉用铅笔画和用丝线织有很大的不同，主要在于	我感觉丙烯颜料与水彩笔和油画棒用起来不一样的地方是

图4-114
儿童绘画日记式内容自评模板

· 电子档案袋

电子档案袋对于儿童来说具有实际的功能和意义。最大限度地指导儿童建立和设计有自己姓名、年级和本人电子照片的电子档案袋。档案内容包括儿童作品集及电子评价，包括自我评价、同伴评价和教师评价三方面内容。电子档案为师生建立了个性化的资料平台，教师可以随时查取和调看儿童作品的情况，在分析儿童作品优良的同时还能帮助教师在教学方面及时地调整，是体现科学性、时效性、操作性的评价机制，具体见表4-16、表4-17所示。

低段模块"丙烯·龙脊梯田"电子档案袋式评价

模块一　电子档案袋课时1			
自我评价	我是否画出了梯田的起伏与变化？　　　　　　是　　　否 我是否学会了用线或块面表达景物？　　　　是　　　否 生活中还有哪些景物也有这样美的表现？		
同伴评价	喜欢他（她）的作品的原因是：（请根据你的感受勾选出相应的评价） 线条有疏有密　同类色变化丰富　色块组织有序　起伏动感 原因补充：		
教师评价	美术作品	优秀	观察感知及运用形式美的原理进行主观创作。
		良好	能够感知形式美，运用色彩进行构思与创作。
		合格	能观察并组织画面，在老师的指导下尝试创作。
		待合格	对形式美的认识不够，还未能尝试完整的表达。

表4-16
低段模块"丙烯·龙脊梯田"电子档案袋式评价

低段模块"丙烯·龙脊梯田"学习单式评价

低年段（1—2年级）	班级：　　　姓名：
丙烯·龙脊梯田	感知画面形式美，运用形式美的原理进行主观创作。
纸笔·切开的洋葱	发现形式美，运用纸笔体验粗细、干湿、浓淡。
丝线·蜘蛛网	发现形式规律，学会组织并运用编织的方法制作。

表4-17
低段模块"丙烯·龙脊梯田"学习单式评价

5. 设计评价反馈

评价的反馈将从三个维度：知识技能的掌握、学习能力的表现、兴趣习惯的表现进行反馈。"丙烯·龙脊梯田"的反馈从改进的建议、鼓励性语言、教师评语和成绩等第这几个方面进行。在反馈改进方面，可以从美术作品、电子档案袋、绘画日记，以及课堂内外的观察、实践操作、展示交流方面进行观测，正如UBD（Understanding by Design）追求理解的教学设计理论所说："表现性任务、问答题、随堂测试与考试、观察与对话、对理解的非正式检查等方式都可以用。"[21]评价的目的是反馈和改进学习目标、学习内容、学习方法，以及问题情况的创设和解决问题的手段诸多方面，具体见表4-18所示。

[21]格兰特·威金斯，杰伊·麦克泰格.追求理解的教学设计（第二版）[M].闫寒冰，宋雪莲，赖平，译.上海：华东师范大学出版社，2017.

低段模块"丙烯·龙脊梯田"评价反馈单

设计评价反馈			
反馈形式	改进的建议	鼓励性语言	教师评语 成绩等第
评价 三维度	知识技能的掌握	发现—运用—构思—创作	
	创作能力的表现	辨别—观察—综合—主观表现	
	兴趣及习惯表现	探究—展示—表达—评议	
反馈改进	学习目标○ 学习内容○ 学习方法○ 创设问题情境○ 解决问题的手段○（根据情况勾选）		

表4-18
低段模块"丙烯·龙脊梯田"评价反馈单

第五节　基于儿童视知觉体验写生的教学实效

以视知觉体验为切入点、以媒材开发为体验的写生教学实践研究，使儿童发生了哪些根本的变化？儿童对写生是否有了新的认识？编者将从问卷的前后数据对比中进行分析和总结。

（一）基于儿童视知觉体验的写生问卷后测

1. 问卷回收情况

编者设计了《基于儿童视知觉体验的写生教学儿童问卷（后测）》，在全市城区、城郊、农村三、四年级沉重中发放问卷3000份，实际回收有效问卷2899份，回收率为96.6%，具体回收情况见表4-19所示：

各类学校儿童样本容量回收情况表

调查对象	农村学校学生	城郊学校学生	城区学校学生
发放量（份）	1000	1000	1000
回收量（份）	976	964	959
样本总回收（份）	2899	回收率	96.6%

表4-19
各类学校儿童样本容量回收情况表

2. 问卷内容设计

基于儿童视知觉体验的写生教学儿童问卷（后测）

亲爱的同学：

你好！经过四年的写生学习，你有哪些收获？本次问卷试图了解你在美术写生学习结束后的情况，你的宝贵意见是我们学术研究的重要依据。请你根据真实感受认真作答，谢谢你的支持与配合！

你所在的学校：   城区学校   城郊学校   农村学校

1. 你喜欢写生课吗？

A. 不感兴趣，写生枯燥无味

B. 喜欢，写生很有意义

C. 一般

2. 在写生过程中，你能保持注意力集中吗？

A. 做得到   B. 基本能做到   C. 做不到

D. 其他 _____

3. 要完成一件写生作品，需要老师如何指导？

A. 需要老师从头到尾示范，这样比较容易学习。

B. 需要老师示范一部分，接下来我就敢画了。

C. 需要老师大致讲完要点，自己就会画了。

D. 其他 _____

4. 写生课上，老师是如何指导你的？

A. 给我们提供一些范画，让我们照着画。

B. 经常摆放一些静物画，我们一边画，老师一边指导。

C. 基本不上写生课，偶尔会上。

D. 其他 _____

5. 你尝试过以下哪些写生工具？ _____

A. 水笔   B. 炭笔   C. 毛笔   D. 色粉笔

E. 纸片   F. 竹笔   G. 纸笔   H. 其他 _____

6. 你用过以下哪些技法表现作品？＿＿＿＿＿＿＿＿＿＿＿

A. 线描　　B. 按压　　C. 擦刮　　D. 刻制

E. 喷洒　　F. 流淌　　G. 拓印　　H. 其他 ＿＿＿＿＿

7. 写生过程中，选择合适的工具，画面就更具有表现力。

A. 没尝试过　　B. 否　　C. 是

8. 不同的绘画工具在速度、力度、强度上会带来不同的体验。

A. 没有尝试过　　B. 有启发　　C. 没有感受

9. 作品画得与实物越像，这件作品就越好。

A. 是　　B. 否　　C. 不确定

D. 我认为＿＿＿＿＿＿＿＿＿＿＿

10. 你希望采用什么样的方式评价自己的写生表现？

A. 打分/等级　　B. 口头评价　　C. 写评语

D. 档案袋　　E. 同学互评　　F. 展示评价

3. 前后问卷数据对比

此次儿童后测问卷共设置10道题，分为单选和多项题，旨在量化儿童对于学习行为表现、学习方式、媒材和技法使用、对写生的主观认知、学习评价的实施情况等，目的是与前测形成数据对比获取结论。具体如表4-20所示。

基于儿童视知觉体验的写生教学儿童问卷后测内容

内　容	设计目标指向：基本信息类	对应题号
第一部分	学习行为表现	第1—2题
第二部分	学习方式	第3—4题
第三部分	媒材和技法使用	第5—6题
第四部分	儿童对写生的主观认知	第7—8题
第五部分	学习评价的实施情况	第9—10题

表4-20
基于儿童视知觉体验的写生教学儿童问卷后测内容

（1）学习行为表现对比。

第1题的数据对比显示儿童对写生课喜欢程度的情况。前测数据为喜欢占35%，一般占17%，不感兴趣的占48%；后测数据为喜欢占72%，一般占22%，不感兴趣的占6%。

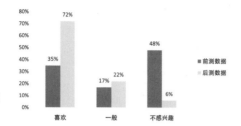

图4-115
儿童对写生课程喜好程度
数据对比示意图

第2题的数据对比显示儿童在写生过程中保持注意力的情况。前测数据为集中的占36%，基本能做到的占28%，做不到的占32%，其他占4%；后测数据为集中占79%，基本能做到的占18%，做不到的占2%，其他占1%

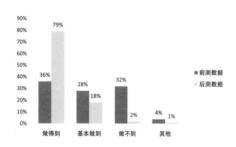

图4-116
儿童注意力保持程度数据
对比示意图

（2）学习方式情况对比。

第3题的数据对比显示写生时学生需要教师采用何种教学指导方式的情况。前测数据中，从头到尾做示范的占33%，需要老师做部分示范的占37%，只需教师把要点做解析的占27%，其他占3%；后测数据中，从头到尾做示范的占8%，需要老师做部分示范的占11%，只需老师把要点做解析的占68%，其他占13%。

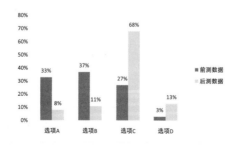

图4-117
教师教学指导方式数据对
比示意图

第4题的数据对比显示在写生教学中学生的写生方式的情况。前测数据中，范画临摹占47%，静物摆放教学指导占38%，写生课基本不上的占12%，其他占3%；后测数据中，范画临摹的占15%，静物摆放教学指导占89%，写生课基本不上的占1%，其他占15%。

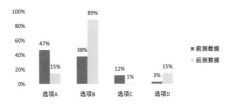

图4-118

儿童写生方式数据对比示意图

（3）媒材和技法使用对比。

第5题的数据对比显示儿童写生工具尝试方面的情况。前测数据中，水笔占62%，炭笔占18%，毛笔占9%，色粉笔占5%，纸笔占3%，竹笔占1%，其他占2%；后测数据中，水笔占14%，炭笔占15%，毛笔占22%，色粉笔占20%，纸笔占10%，竹笔占12%，其他占7%。

图4-119

儿童写生工具尝试数据对比示意图

第6题的数据对比显示儿童在写生技法运用方面的情况。前测数据中线描占61%，按压占8%，刮擦占5%，刻制占12%，喷洒占5%，流淌占6%，拓印占1%，其他占2%；后测数据中，线描占22%，按压占13%，刮擦占9%，刻制占11%，喷洒占13%，流淌占14%，拓印占10%，其他占8%。

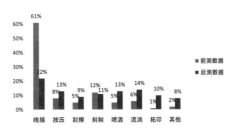

图4-120

儿童写生技法运用情况数据对比示意图

（4）儿童对写生的主观认知对比。

第7题的数据对比显示媒材与意义关联实践方面的情况。前测数据中，认为是的占19%，否的占67%，没尝试过的占14%。后测数据中，认为是的占81%，认为否的占14%，没尝试过的占5%。

图4-121
媒材与意义关联实践数据
对比示意图

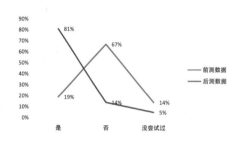

第8题数据对比显示媒材的情感体验方面的情况。前测数据中，有启发的占12%，没有感受的占17%，没有尝试过的占71%；后测数据中，有启发的占87%，没有感受的占10%，没有尝试过的占3%。

图4-122
媒材的情感体验数据对比
示意图

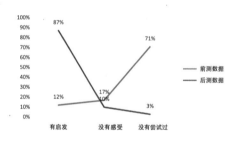

（5）学习评价的实施情况对比。

第9题的数据对比显示儿童对作品评价标准的认知情况。前测数据中，认为画得越像越好的占58%，持否定意见的占10%，不确定的占32%；后测数据中，认为画得越像越好的占2%，持否定意见的占87%，不确定的占11%。

图4-123
儿童对作品评价标准认知
情况数据对比示意图

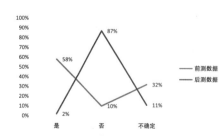

第10题的数据对比显示儿童期待的评价方式的情况。前测数据中，打分或等级的占38%，口头的占15%，评语的占11%，档案袋的占2%，互评的占5%，展示的占27%，其他的占2%；后测数据中，打分或等级的占11%，口头的占12%，评语的占15%，档案袋的占26%，互评的占13%，展示的占18%，其他的占5%。

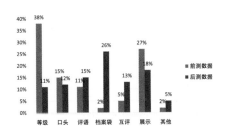

图4-124
儿童期待的评价方式数据对比示意图

（二）基于儿童视知觉体验写生问卷结论分析

通过本次问卷的前后数据比较可以发现教学的关注点、教学理念、目标定位、媒材技法的选择及运用情况与教学评价方面均发生了变化。教师教学的重心偏向于媒材的探索和运用，明显看出教师教学观念的转变引起学生行为的变化，教师在教学的过程中加强了形式法则的重构，使儿童普遍体验到表达的丰富与多元。

教学理念及目标定位方面也发生了变化。从前测数据分析中可看出儿童写生需要借助相关书籍或参考优秀儿童作品，教学在很大程度上受主观感受和客观能力的制约。近些年的实践研究表明，儿童能够对实物的造型进行理性的分析提炼，得出共性特征并形成个性的解读，养成既有共性又有个性的思维方式。

教师在理念方面逐渐形成共识，确立科学的儿童写生教学观：首先，通过写生学习可以使儿童学会对自己的所见所闻做出独有的见解，可以将事物转换成图形，对其进行识读、辨别和理解；其次，儿童可以在观察、认识和体验中获得属于自己的审美观；第三，通过审美的培养，可以引导儿童建构丰富多彩的情感世界和精神生活；第四，提升儿童的创作实践素养，从而激发想象力和创作力。

从评价方面的数据看，教师对过程性评价有一定的重视度。评价方式的丰富性对学习情况、学习表现的改善以及儿童能力的培养等方面提供了积极的帮助。从而让老师更加关注学习过程，反思教学方法是否影响了儿童的习得，因此能够及时调整教学，以评价促进教学方法的改进。通过评价反馈，使儿童了解学习情况，知道努力的方向，促进个性化的发展。

艾斯纳在《儿童的知觉与视觉的发展》一书中提到："艺术活动是智力的一种形态，正在绘画或雕塑中的儿童是在对付一个难题，一个寻找以某种观念、意象、情感为途径的难题。在进行写生时，儿童其实就是在不断观察、对比、描摹中提升自己的艺术感知力，运用手、眼与脑的思维训练，提高观察力，使其有机会接触到大自然，从而做到'师法自然'，在基本的实践环节，锻炼自身观察能力和审美意识，从而提升自身的审美素养。"

后 记

基于儿童视知觉体验的写生教学，是通过感知与媒材转换，引导儿童用独特的视角去审视这个世界，并学习用自己的方式诠释的过程。

首先，基于儿童视知觉体验的写生教学研究是让儿童获得独特的视知觉体验与表达的机会。视知觉感受能获得一种意向性思维，这一思维经过不断积累便能建立意向性的眼光，儿童在体验中获得一个属于自己的审美观，从而建构起丰富多彩的情感世界和精神生活。艺术教育存在的意义在于艺术思维习惯的获取，[1] 通过视知觉体验的写生学习，学生形成既有共性又有个性的思维方式，学会从事物的多样性中理性分析得出其共性，并在感性的个人知觉中形成个性。以视知觉体验切入去寻求"共性"与"个性"，能形成独特的个人风格。当儿童具备了一定深度的知觉思维后，他在自觉关注外界事物时，会逐渐养成一种分析问题和解决问题的能力。这种特殊的思维能力的形成对步入社会非常重要，当他们面对纷繁复杂的社会现象时，能用独特的视觉思维观察，并从思维方式中获得迁移，启迪自我成长与进步，实现美术教育促进人的可持续发展的积极作用。

其次，基于儿童视知觉体验的写生教学研究，为美术教师提供了有价值的参考范式。本次课题探究出有效的内容编排策略、目标评价体系、教学策略及教学评价模式，为落实核心素养的课程构建寻找到了一套有价值的参考模式。

作为教师需要不断地更新自我，主动适应时代，积极转变教学观念，不断地探索，以适应教学改革，实现美术教育的真正价值。想更好地实现、发挥儿童美术教育的价值，就要清楚地认识儿童美术教育的现状，并不断突破创新，更新理念，开拓新思

[1] 王大根.中小学美术教学论［M］.南京：南京师范大学出版社，2013.

路、新方法，使得美术教育真正地服务儿童，为儿童的全面综合发展开辟广阔空间。

再次，谈谈基于儿童视知觉体验的写生教学研究给予学校的发展意义。视知觉美术教育的研究，对当前学校写生教学存在的问题提供了理论支持与经验借鉴，从而能更好地开展艺术教育活动。除此之外，视知觉体验的写生学习对于当今学校公共艺术教育、社会美术教育的推进提供了参考和启示，有着重要的现实意义。本次研究将继续进行调查、比较、研究，对理论成果与实践成果进行归类、总结，对存在的问题进行后续跟进。课题成员将通过各种媒体扩大研究影响力，使课题研究成为推动新课程改革的新生力量。

最后，要感谢来自浙江省义乌、东阳、金华等地的美术教师提供的大量教学实例，是他们的无私分享，使此书得以成型并出版。

参考文献

［1］中华人民共和国教育部.义务教育美术课程标准（2011版）［M］.北京：北京师范大学出版社，2012.

［2］张丽霞.儿童美术创作从"玩材料"开始［J］.中国美术教育，2019.

［3］林恩·埃里克森，洛伊斯·兰宁.以概念为本的课程与教学:培养核心素养的绝佳实践［M］.陆效孔，译.上海：华东师范大学出版社，2018.

［4］李力加.唤起知觉经验的美术学习：小学美术课堂教学研究［M］.济南：山东美术出版社，2013.

［5］鲁道夫·阿恩海姆.视觉思维：审美直觉心理学［M］.藤守尧，译.成都：四川人民出版社，1998.

［6］鲁道夫·阿恩海姆.艺术与视知觉［M］.孟沛欣，译.长沙：湖南美术出版社，2008.

［7］刘万轮，田学红.发展与教育心理学［M］.北京：高等教育出版社，2011.

［8］宋症殷.美国的美术教育思潮［J］.美术教育，1989.

［9］余文森.核心素养导向的课堂教学［M］.上海：上海教育出版社，2017.

［10］李力加.走向多元的美术教学［M］.长沙：湖南美术出版社，2009.

［11］邵朝友.指向核心素养的逆向课程设计［M］.上海：华东师范大学出版社，2017.

［12］钟启泉，崔允漷，张华.为了中华民族的复兴，为了每位学生的发展：《基础教育课程改革纲要（试行）》解读［M］.上海：华东师范大学出版社，2001.

［13］莫里斯·梅洛-庞蒂.可见的与不可见的［M］.罗国祥，译.北京：商务印书馆，2008.

［14］吴立文.唤起与表达：基于儿童视知觉体验的线性写生［M］.武汉：湖北美术出版社，2017.

［15］吴立文，朱玉婷，黄宇浩.媒介的综合实验：基于综合的儿童绘画案例研究［M］.武汉：湖北美术出版社，2018

［16］陈静静.学习共同体：走向深度学习［M］.上海：华东师范大学出版社，2020.

［17］格兰特·威金斯，杰伊·麦克泰格.追求理解的教学设计（第二版）［M］.闫寒冰，宋雪莲，赖平，译.上海：华东师范大学出版社，2017.

［18］迈克·帕克斯，约翰·塞斯卡.美术教学指南［M］.郭家麟，孙润凯，译.长沙：湖南美术出版社，2015.

［19］余秋雨.中国文化课［M］.北京：中国青年出版社，2019.

［20］上海市教育委员会教学研究室.中小学美术单元教学设计指南［M］.北京：人民教育出版社，2018.

［21］王大根.中小学美术教学论［M］.南京：南京师范大学出版社，2013.